図解 眠れなくなるほど面白い

社会心理学

東京大学 大学院
社会心理学研究室 教授
亀田達也
監修

日本文芸社

はじめに

社会心理学とは、社会の中での人々の心の動きや行動の法則を解き明かし、なぜそう感じ、そう行動するに至ったのかを研究する学問です。

社会心理学が扱うテーマは、「個人の心理」から「個人対個人の関係」、さらに「集団の中での個人」や「社会現象・社会問題」といったものまで、幅広い領域にわたります。そして、その研究の歴史と成果は、社会で起こるさまざまな出来事や問題を解決する糸口にもなります。

たとえば、人間は個人ではけっして行わないことも集団になると行ってしまうということがあります。ハロウィンの渋谷で若者たちが暴徒化した騒動などがその一例ですが、こうした現象はなぜ起きるのでしょうか？

あるいは、企業による組織ぐるみの不正の問題についてはどうでしょうか。個人では悪いとわかっていながら、組織に所属するとこうした不正に加担してしまうのはなぜなのでしょう?

これらの疑問を解決する手掛かりが、社会心理学という学問の中にあります。この他にも世論はどのように形成されるのか、偏見やステレオタイプはなぜ生まれるのかなど、社会をめぐるさまざまな事柄についての興味深い研究が数多く行われています。

社会心理学を学び、その視点から世の中を見ていくことで、きっと新しい発見があるはずです。

亀田達也

眠れなくなるほど面白い

社会心理学

CONTENTS

【第4章】個人と対人認知の心理学……85

【第5章】社会のあり方と心理学……109

第1章

社会現象と心理学

見て見ぬふりを するのはなぜか？

誰も女性を助けなかったのは無関心が原因？

１９６４年、ニューヨークの住宅街で、深夜に女性が自宅アパート前で暴漢に襲われ、刺殺される事件が起きました。犯行は30分以上に及び、アパートの住人38名がこの騒動に気づき、中には窓から事件を目撃した者もいました。ところが、大勢の人がいたにも関わらず、**誰ひとり彼女を助けようとしなかったばかりか、警察に通報した者すらひとりもいなかった**のです。

なぜ住人たちは女性を助けなかったのでしょうか。事件後、マスコミは「大都市特有の冷淡さや他人への無関心さが背景にある」と論じましたが、心理学者のラタネとダーリーはそれだけでなく、**多くの目撃者がいたことが、かえって人々の援助行動を抑制したのではないか**と考えます。

キーワード　傍観者効果

この説を確かめるために行ったのが「傍観者実験」です。この実験は、初めに被験者である学生に集団討論会への参加を依頼。次に被験者は個室に案内され、インターフォンで他の参加者とともに議題についての意見を述べるよう指示されます。すると、突然、別の部屋にいる参加者のひとりが発作を起こし、インターフォンで助けを求めてくるというものです。

この実験は参加者が２人、３人、６人のパターンで行われましたが、その結果はラタネとダーリーの仮説を裏付けるものでした。というのも、**参加者が２人だと３分以内に全員が外にいる研究者に事態を報告した**のに対し、**６人では４分経過しても60％の人しか報告しなかった**のです。つまり、多くの他者がいるときほど、人は援助行動を起こしにくいという**傍観者効果**が証明されたわけです。

緊急事態における傍観者実験

討論中に別の参加者が発作を起こしたとき、被験者はすぐに助けを呼ぶかの実験。被験者は他の参加者と顔を合わせることなく個室へと案内される。部屋にはインターフォンがあり、参加者はこれを使って順番に意見を述べる。このとき、ひとりが発言中に発作を起こし、助けを求めるという流れ。なお、実験は2人、3人、6人のパターンで行われたが、本当の（真の）参加者は被験者ひとりだけで、残りは実際には存在せず、事前に用意したテープを流した。

実験結果

右は発作が起きてから被験者が救助を要請するまでにかかった時間をグラフにしたもの。参加者が多いほど報告率は低下した。

●被験者が救助要請するまでに要した時間と割合
（Latane&Darley.1968より）

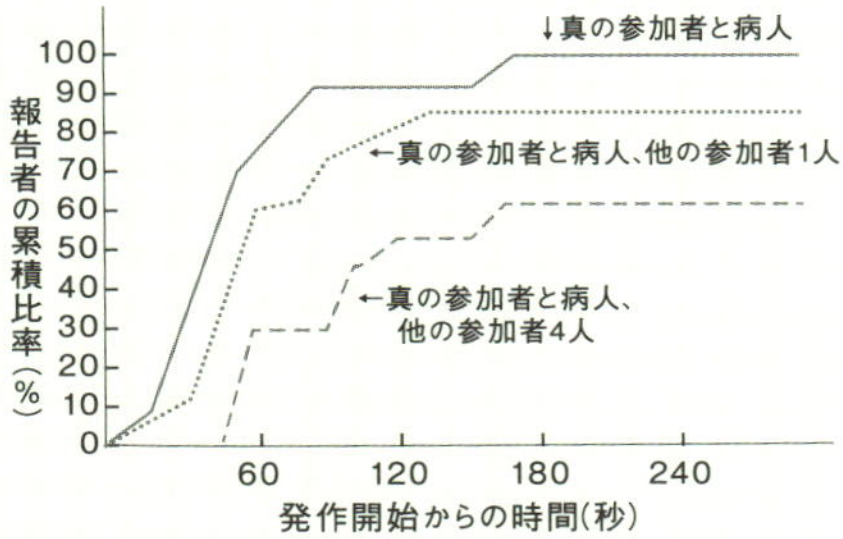

報告者の累積比率（%）
100
90
80
70
60
50
40
30
20
10
0
60
120
180
240
発作開始からの時間(秒)
↓真の参加者と病人
←真の参加者と病人、他の参加者1人
←真の参加者と病人、
他の参加者4人

●自分と病人だけの場合

自分が
助けなきゃ！

⇒3分以内に100%報告

他者が少ないほど
短い時間で救助に向かう
割合が高い

●自分と病人の他に4人いる場合

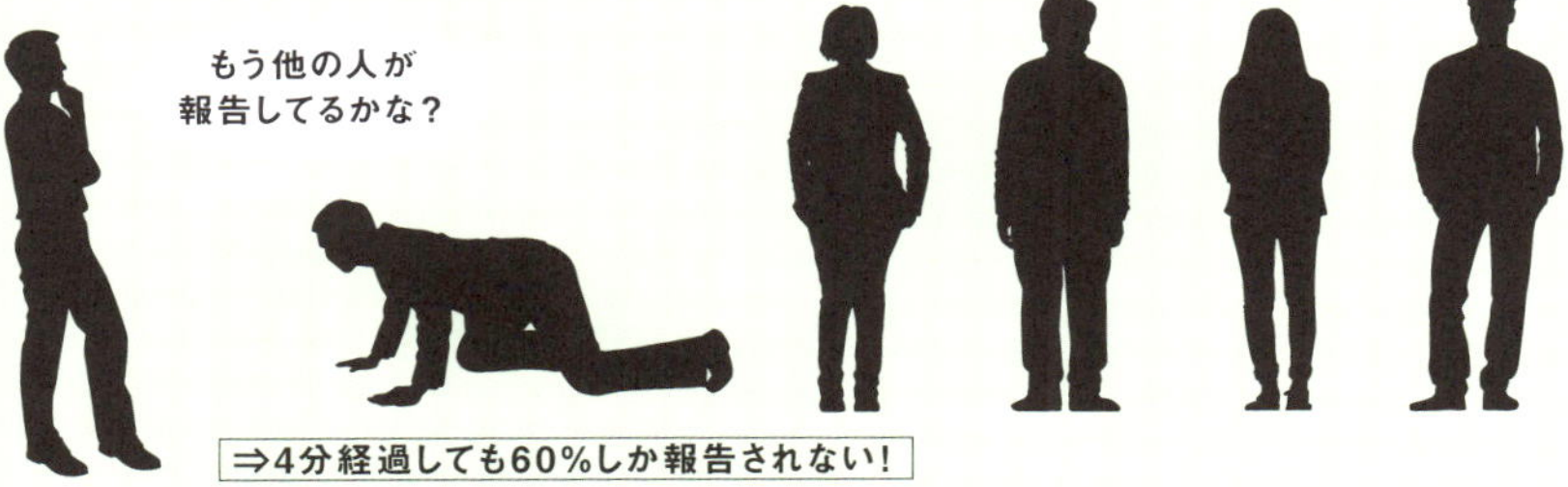

もう他の人が
報告してるかな？

⇒4分経過しても60%しか報告されない！

人助けをするときの条件とは？

援助行動には5つのステップがある

傍観者実験を行ったラタネとダーリーは、人が緊急事態で援助行動をとるまでの過程には5つのステップがあると考えました**（援助行動モデル）**。

1　事態に気づいたか
2　緊急事態だと認識したか
3　援助を行うことへの個人的責任を感じたか
4　援助を行うためになにをすべきか理解しているか
5　実際に行動を起こすか

まず1と2はそもそも事態に気づかない、あるいは気づいてもそれが緊急事態だと認識しなければ人は援助行動をとりません。2については、**他の人が行動しないことで自分も緊急事態と認識しない**ということがあります。これは多元的無知（36ページ）といいます。

キーワード　援助行動モデル

3の個人的責任とは「自分が援助しなければならない」と認識したかどうかということで、周囲に他の人がいると**「自分が助けなくても他の誰かが助けるだろう」という心理が働き、**援助行動が抑制されます。

4は適切な援助の方法を理解しているかどうかで、たとえ援助の必要があると認識しても、そのための具体的な方法がわからないと行動を起こしにくくなります。また、「海でおぼれている人を発見したが、自分はカナヅチで泳げない」といったように援助に必要な能力を持ち合わせていなかったり、そのためのリスクが大きい場合（自分も一緒におぼれてしまう可能性など）も抑制の要因となります。

5は最終的に援助に踏み切るかどうかで、「自分の勘違いだったら恥ずかしい」といった心理が働くことで行動を起こしにくくします。

援助するまでの流れ

人が援助行動を起こすまでにはいくつかの心理的なステップがある。これらのステップをすべてクリアして、初めて人は援助行動を起こすのだ。

1 事態に気づいたか　→ NO → **援助しない**

YES ↓

2 緊急事態だと認識したか　→ NO → **援助しない**

YES ↓

3 援助を行うことへの個人的責任を感じたか　→ NO → **援助しない**

YES ↓

4 援助を行うためになにをすべきか理解しているか　→ NO → **援助しない**

YES ↓

5 実際に行動を起こすか　→ NO → **援助しない**

YES ↓

援助を行う

責任の所在が援助のカギ？

キーワード　**自己責任**

自己責任と判断すると人は援助しない

退避勧告が出ているにも関わらず、独自で紛争地帯に行った人が武装勢力に拘束された際、「自己責任だ」と言われ、援助よりむしろ批判の対象になったことがありました。このように人が援助を行うかどうかを判断する上では、**「その事態が起きた原因がどこにあるか」ということも大きな要因**となります。

こうした**自己責任**の心理については、２５０名の学生を対象に行ったパメラ・ドウリーの実験によっても証明されています。

この実験では、まず参加者たちにＨＩＶと診断された患者についての物語を読んでもらいます。この物語は全部で5パターンあり、いずれもＨＩＶ患者の話ですが、それぞれ感染した原因が異なっています。

その後、参加者にこの患者を援助したいかをたずねたところ「輸血によって感染した」というパターンの物語を読んだ参加者たちは患者への援助を申し出たのに対し、「性交渉やドラッグで感染した」というパターンの物語を読んだ参加者たちは感染したのは自己責任であると考え、援助を申し出ませんでした。同じＨＩＶ感染という事態でも、**その原因が本人にない場合は同情が生じ、逆に本人に原因があると判断した場合は嫌悪感が生じることで、援助行動に大きな差が出る**わけです。

これはある意味、予想通りの結果といえるかもしれません。というのも、私たちの中には「本人の不注意や軽率な行動が原因で起きた問題は、本人が解決すべきである」という考えが存在しているからです。責任の有無の判断は人の行動に極めて大きな影響を及ぼすのです。

援助には責任の所在が影響

HIVと診断された患者

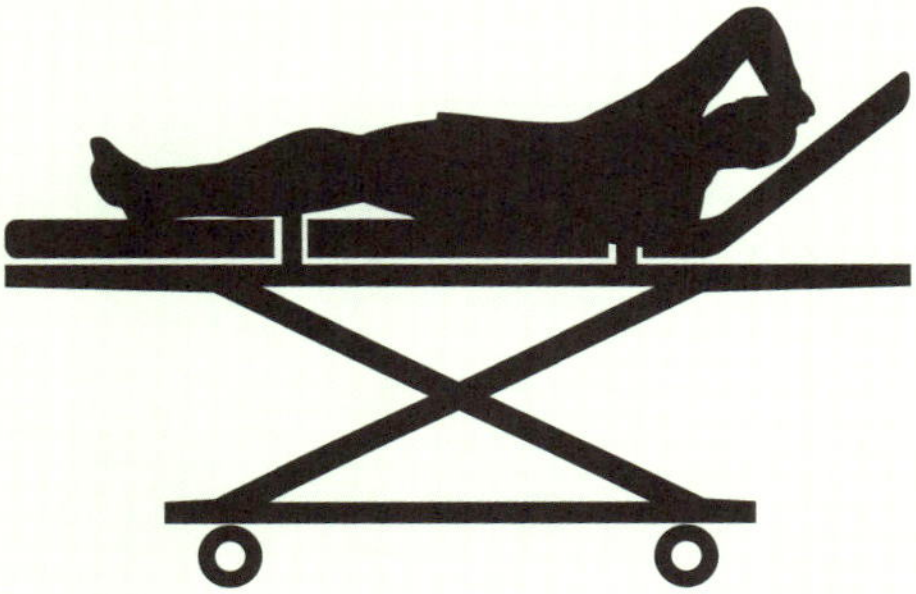

［物語Aの場合］

輸血によって感染した

本人は悪くないのに
可哀そう

HIVに感染したのは
当事者の責任ではない

援助を申し出る

［物語Bの場合］

性交渉やドラッグで感染した

感染したのは
自己責任！

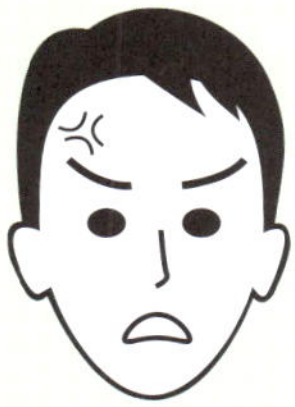

HIVに感染したのは
当事者の行いにも責任がある

援助を申し出ない

人は多数派の意見に同調しやすい

キーワード
同調

明らかに間違った答えでも多数派に同調してしまう

私たちは**なにかを判断する際、どうしても多数派の意見や行動に自分の考えを合わせてしまう傾向があります。**これを**「同調」**と呼びますが、この同調についてはアッシュの行った実験が有名です。

この実験はカード①に描かれた線と同じ長さのものを、カード②に描かれた3本の線の中から選ぶというもので、実験には8人の学生が参加しました。回答はひとりずつ順番に行いますが、実は参加者のうち7人は〝サクラ〟で、あらかじめどの線を答えるかを指定されていました。

この実験の目的は、多数が間違った回答をした場合、被験者はそれに同調するかを調べることで、被験者は7人のサクラの回答を聞いたあと、8番目に回答します。実験は線の長さを変えながら複数回行われましたが、問題自体はいずれもひとりで回答したときは正解率99％というごく簡単なものでした。ところが、7人全員が誤った回答をした条件下だと、被験者による誤答率は32％にも上りました。**普通なら間違えようのない問題でも、全員が別の回答を選ぶと、それに大きく影響されてしまう**ことが明らかとなったわけです。

なお、7人のサクラのうち、必ず正解を答える他者がひとりいた場合、被験者の誤答率は5・5％まで低下しました。

会社の会議などでも全員一致の意見に反対するのは勇気がいりますが、ひとりでも反対者がいれば意見を表明しやすくなります。同調を促《うなが》すには全員一致であることが重要で、**ひとりでも自分と同じ意見の人がいると、その圧力は大きく弱まる**というわけです。

アッシュの同調行動実験

左の線と同じ長さのものを、右に示された3つの線の中から選択する。実験に参加した8人のうち7人はサクラで、全員「A」と間違った回答を行う。真の被験者は7人の答えを聞いたあと、8番目に回答。多数派に同調して「A」と答えるかを実験した。

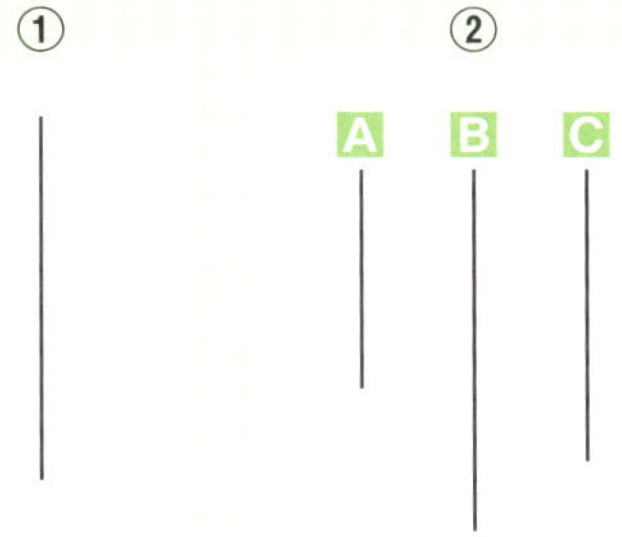

●7人全員がAと誤った回答をした場合

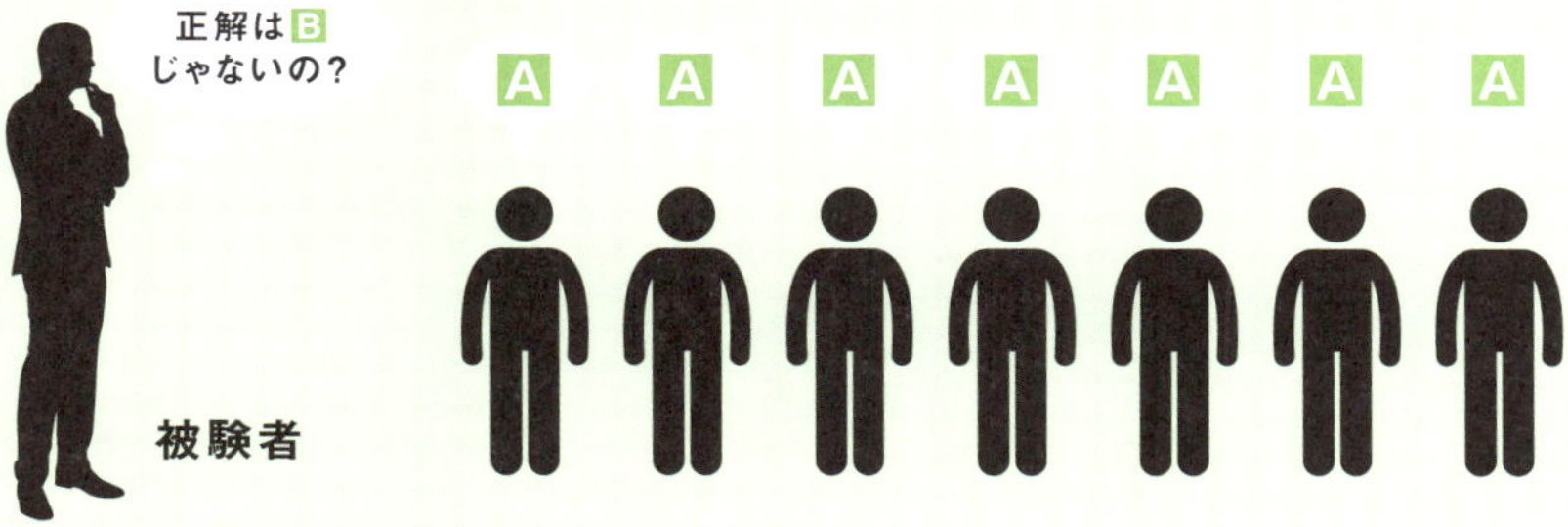

⇒全員がAと誤った回等をした場合、被験者の誤答率は32%であった

●7人のうちひとりだけがBと正しい回答をした場合

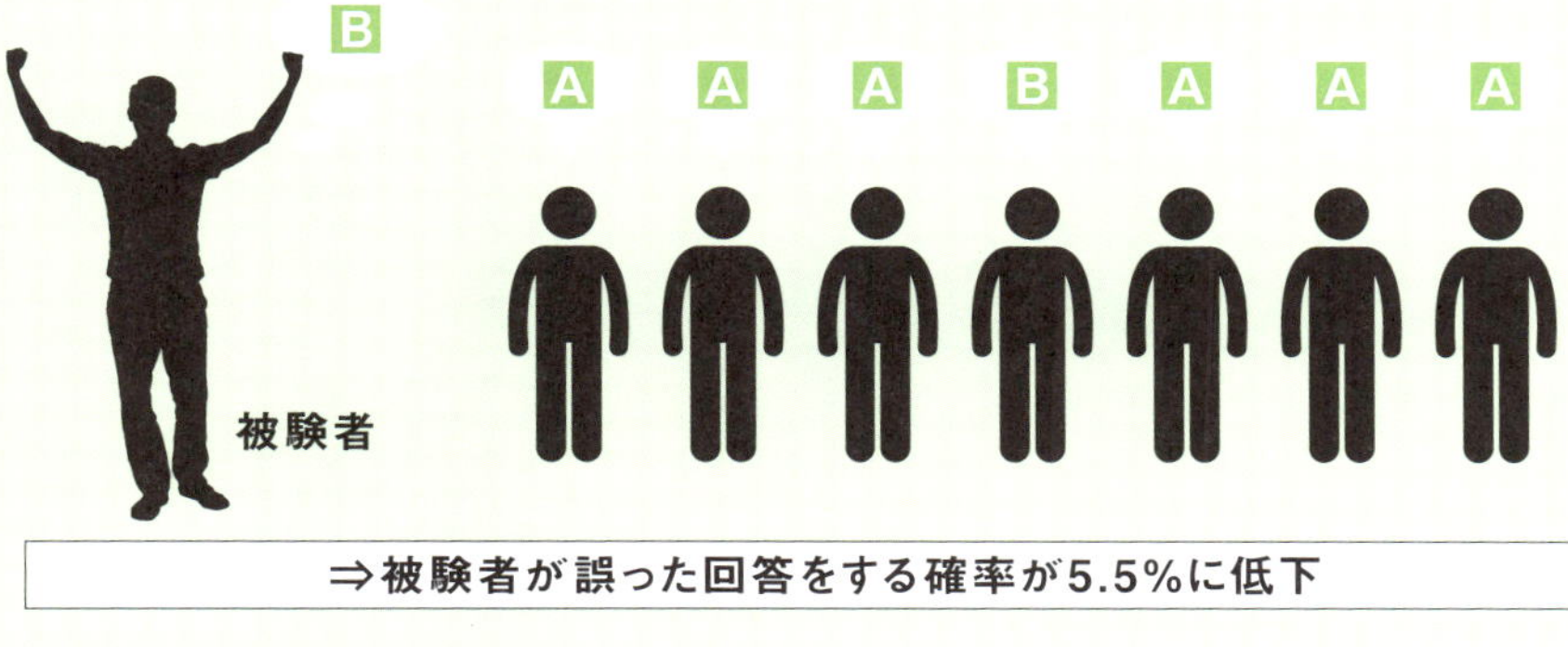

⇒被験者が誤った回答をする確率が5.5%に低下

同調が起こりやすい状況とは？

キーワード **情報的影響、規範的影響**

集団凝集性の高い集団ほど同調が起きやすい

同調が起きやすい要因として、「自分以外の全員の意見が一致している」という全員一致の圧力の他に、グループの「集団凝集性」の影響も指摘されています。

集団凝集性とは、**集団と個人の結びつきの強さのことで、集団凝集性が高い、すなわちメンバー同士の結びつきの強い集団ほど、グループの結束を乱したくないという心理が働きやすく、結果として同調も起こりやすい傾向にあります。**

実際、高校生を集団凝集性の高い仲良しの4人グループと、そうでもない4人グループにわけ、重要度の異なるさまざまな社会問題について各自に賛否のボタンを押させる実験では、そうでもないグループに比べて、集団凝集性の高い仲良し4人組のほうが同調しやすいという結果が出ました。こうした同調は、その集団に対して自分が価値や魅力を感じているほど、起きやすいと考えられます。

また、**同調には「情報的影響」と「規範的影響」のふたつがある**とする考え方もあります。情報的影響とは**他者の判断を有用だと考えて自分の考えに取り入れること**です。ある商品を購入する際に、ネットのレビューで評価の高い商品を選択するといったことがこの情報的影響に当たります。

もうひとつの規範的影響とは、「他の人から嫌われたくない」とか「集団の輪を乱したくない」という心理から行う同調のことです。たとえば**「本心では別の意見があるにも関わらず、批判を恐れてつい多数派の意見に合わせてしまった」というのは、規範的影響のひとつと**いえます。

集団の結びつきの強さと同調行動

●集団凝集性と同調行動（Kinoshita.1964より）

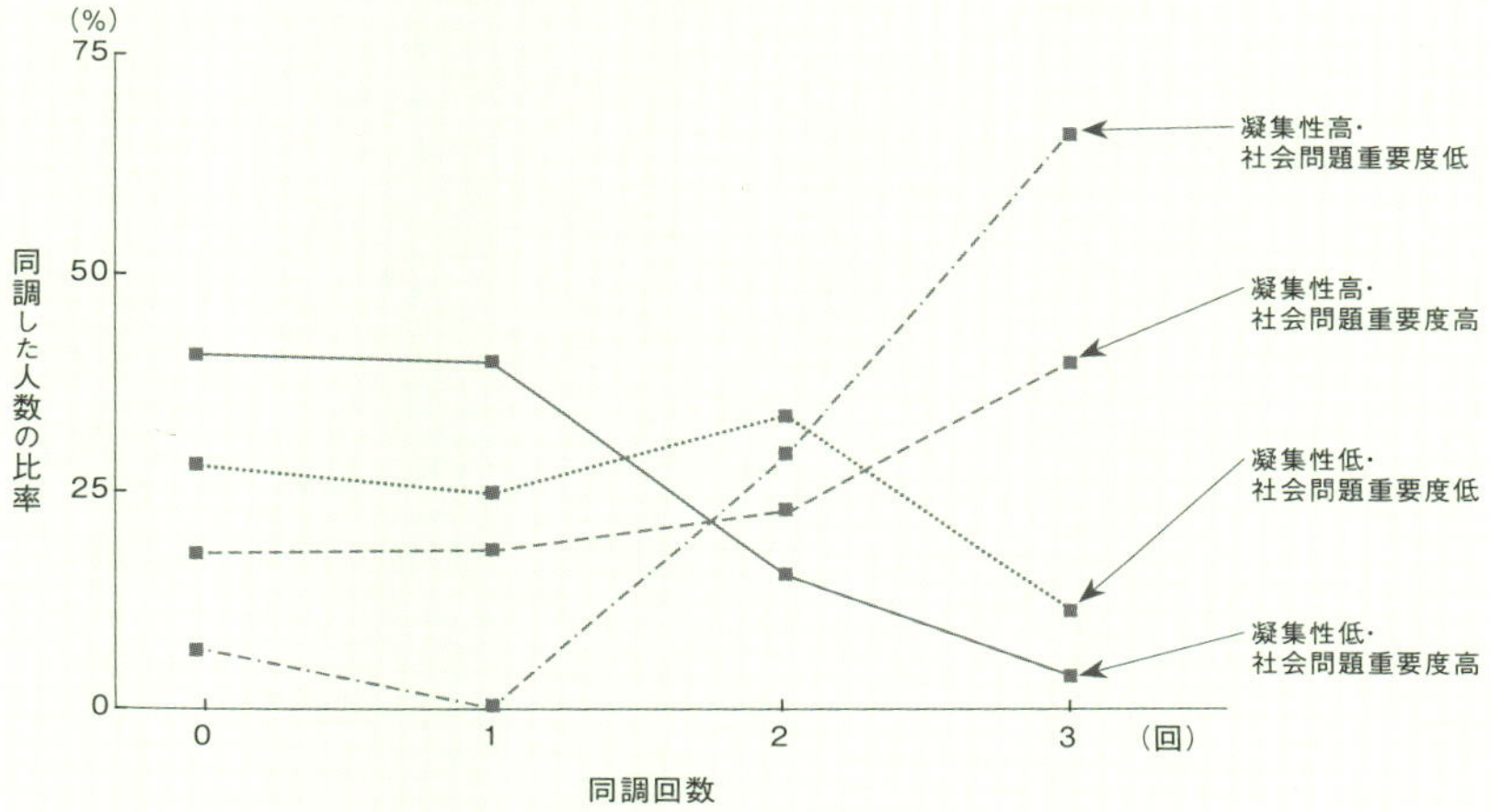

高校生を集団凝集性の高い仲良し４人組と、そうでもない４人組にわけ、重要度の異なるさまざまな社会問題について各自に賛否のボタンを押してもらい、他メンバーの回答を見たあと再び賛否を問うという実験。回数を重ねるほど、集団凝集性の高いグループは同調率が上がり、反対に集団凝集性の低いグループは同調率が下がる結果となった。

仲の良い
（集団凝集性が高い）
グループほど、
同調しやすくなる

公的な場所と同調行動

他に同調が起きやすい状況として公的な場所が上げられる。個人的な意見を述べることができる状況に比べて、人前で公的な反応を求められている状況では、多数派への同調が起こりやすくなることが判明している。

公的な場面ほど
同調しやすくなる

人は権威に服従する

人は誰でもアイヒマンになりうる

キーワード　**アイヒマン実験**

人は**権威によって命令されると、たとえ正しくないとわかっていても、その命令を実行してしまうことがあります。**これを明らかにしたのが、ミルグラムによる服従実験、別名**アイヒマン実験**です。

アイヒマンとは、ナチス政権下において、ユダヤ人の強制収容所移送の指揮的立場にあった人物の名で、この実験は「特定の条件下であれば、人は誰でもアイヒマンのような残虐な行為を犯すのか」を検証するために行われました。

実験では、まず「学習における懲罰《ちょうばつ》の効果に関する研究」という名目のもと参加者が集められます。参加者はそれぞれ教師役1名、生徒役1名のペアにわかれ、別々の部屋に通されます。部屋にはマイクとスピーカーがあり、お互いの姿は見えませんが声は聞こえる状態です。

次に教師役は生徒役が出題された問題を間違うたびに、電気ショックを与えるよう研究者から命令されます。その電流は軽微な15ボルトから、命の危険性もある４５０ボルトまで30段階に設定されており、生徒役が間違うたびに、研究者はより高い電流を流すよう教師役に命令します。電圧が上がるごとに生徒役の悲鳴は大きくなり、３００ボルトを超えると「もうやめてくれ！」と懇願するようになります。しかし、研究者はあくまで続行するよう命令し、教師役が拒否するまで実験は続きます。その結果、**教師役40人中26人が命じられるまま最大４５０ボルトのスイッチを押し続けました。**教師役は命令を拒否してもなにか罰があるわけではありません。にも関わらず、半数以上の人が命令に従い続けたのです。

ミルグラムの服従実験

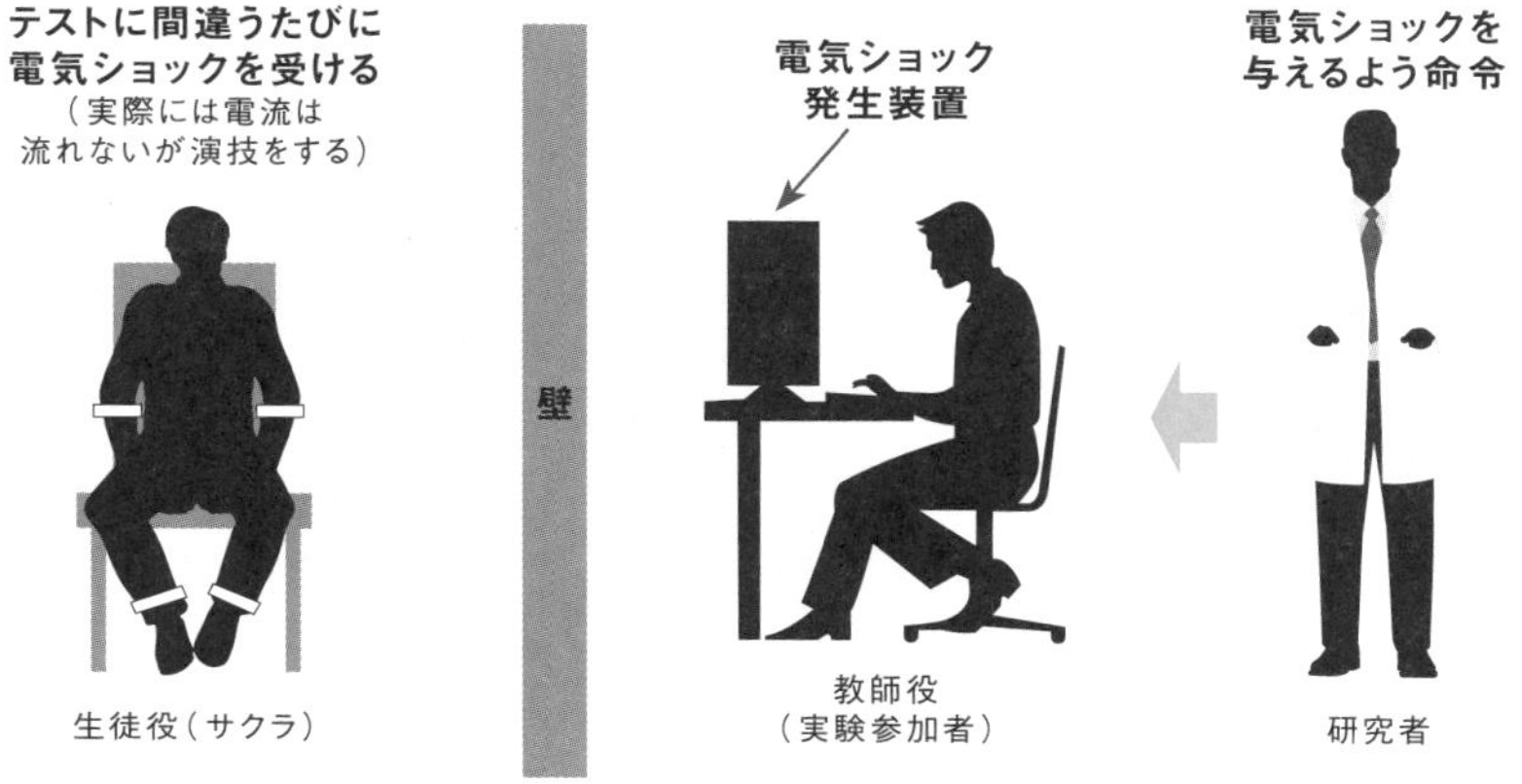
テストに間違うたびに
電気ショックを受ける
（実際には電流は
流れないが演技をする）
電気ショック
発生装置
電気ショックを
与えるよう命令
壁
生徒役（サクラ）
教師役
（実験参加者）
研究者

研究者という「権威」に命令されると、人はどこまで服従するかの実験。命令を拒否した時点で実験は終了する。参加者は教師役と生徒役にわかれたが、実は生徒役はサクラで実際には電流は流されておらず、演技をしている。実験結果は右表の通りで、40人の教師役のうち26人が命じられるまま最大の450ボルトまでスイッチを押し続けた。

●実験結果

電気ショック（ボルト）	実験結果
450（最大）	26人
375	1人
360	1人
345	1人
330	2人
315	4人
300	5人
285以下	0人

服従実験の予測

この実験後、ミルグラムは一般人や精神科医たちに、実験終了時の最大電圧を予想してもらう調査を行っている。その回答は右の通りで、315ボルト以上与えると回答した人は0人で、大多数は180ボルト以下という実際の実験結果とは大きく異なるものであった。

●一般人40人、精神科医39人に「自分なら最大何ボルトまで与えるか」とたずねた場合の回答

電気ショック（ボルト）	一般人40人	精神科医39人
315以上	0人	0人
255〜300	4人	1人
195〜240	3人	2人
135〜180	16人	17人
75〜120	12人	15人
15〜60	2人	2人

※それぞれ、一切電気ショックを与えないと回答する人もいた

人の残忍さはどこから来るのか？

役割を与えられると人は残忍になる？

与えられた役割や状況によって、人の行動はどのように変化するのか。このことを検証したのが模擬《もぎ》刑務所実験**（スタンフォード監獄実験）**です。

この実験は、スタンフォード大学の地下に、本物に似せた模擬刑務所をつくって行われました。

参加したのは、心身ともに健康で、これまで反社会的行為をとったことのない21名の男子学生。参加者たちはランダムに看守役と、囚人役にふりわけられ、模擬監獄の中で2週間に亘ってそれぞれの役を演じてもらいます。看守役は1日8時間の3交代制、囚人役は24時間の参加です。

リアリティを出すため、看守役はサングラスと制服を着用し、警笛と木製の警棒も支給されます。一方の囚人役は名前でなくＩＤ番号で呼ばれ、足に鉄製の鎖《くさり》をはめられて監獄に収容されました。

こうして始まった模擬監獄実験でしたが、その影響は実験者の予想以上でした。**時間とともに看守役は囚人役に対して命令的、侮蔑《ぶべつ》的、支配的な言動をとるようになり、囚人役への精神的な虐待が蔓延。**ついには禁止されていた暴力行為も発生したことから、わずか6日で実験は中止となりました。

この実験は、**他人を服従させることのできる役割を与えると、人はその役割に染まり、残忍な振る舞いも平気で行うようになる**事例とされています。ただ、その一方で「看守役は役割を与えられただけで自然と残忍になったわけではなく、実験者によって残忍に振る舞うよう誘導があった」とする批判もあり、その実験結果の信憑性《しんぴょうせい》を疑問視する声もあります。

キーワード　スタンフォード監獄実験

模擬刑務所実験

看守と囚人という役割を与えられると、人はそれぞれに応じた態度や行動をとってしまうかの実験。心理学の中でもとくに有名な実験のひとつで、この実験を題材とした映画も制作された。

看守役（10人）

- 8時間ずつの3交代制で参加
- サングラスの着用
  （ある程度の匿名性が保たれる）
- 警笛と警棒を常備
- 暴力行為は厳禁としたが、
  それ以外の指示はとくになし

↓

囚人に対して命令口調になり、
侮蔑的、攻撃的、権威的、
支配的な言動が目立ち始める

↓

囚人への侮辱行為が頻発。
自分たちの残忍さを楽しむようになる

↓

囚人役（11人）

- 24時間参加
- 名前でなくID番号で呼ばれる
- 足に鉄製の鎖を付ける
- 私物の利用禁止
- 手紙、タバコ、トイレなどは
  許可制で認められる
- 面会も手続きにより認められる

↓

開始2日目で極度の感情の落ち込み、
不安、号泣などの症状が現れ、
5人が実験から離脱

↓

看守に対して従属的、抑うつ的、
無気力、自己否定的になる

↓

2週間行う予定が6日で実験中止に！

ゲームや漫画は犯罪に影響する？

攻撃的な行為を見て学習するのが原因

未成年による犯罪が発生すると、暴力的表現のあるゲームや漫画が、犯罪の発生を助長していると話題になりがちです。なぜそういった話題が上がるのでしょうか？　それを紐《ひも》解《と》くキーワードが「学習」という言葉です。**人はなにかを学ぶ際、直接的な経験を通して学習するケースと、他の人の行動を見て学習するケースがあります。**ゲームや漫画の影響を受けるというのは後者であり、このような学習ケースを、**「観察学習（モデリング）」**と呼びます。

攻撃行動を学習した場合、本当にそのような行動をとるのか、それを検証するためにA・バンデューラらは子どもに他者がビニール人形を攻撃する様子を見せ、その後の行動を観察するモデリング実験を行いました。

この実験には、3歳から5歳までの男女の子どもが参加し、AからDの4つのグループにわけられました。Aには大人がビニール人形を攻撃する様子、BにはAの場面を録画した映像、Cにはテレビアニメのネコがビニール人形を攻撃する映像を見せ、Dにはなにも見せませんでした。その後、子どもたちをお気に入りのおもちゃがある遊戯室で遊ばせた後、おもちゃを取り上げ、ビニール人形や他のおもちゃがある別室に連れて行きました。その結果、**攻撃的なモデルを見たAからCの子どもは、モデルを見ていないDの子どもよりも、ビニール人形を攻撃することが多かった**のです。つまり攻撃的モデルを見た子どもは、攻撃行動をとる傾向が強くなることが証明されました。またこの実験では、**女児よりも男児のほうが攻撃行動をとりやすいということも判明**しています。

キーワード
観察学習（モデリング）

バンデューラらのモデリング実験

3歳から5歳までの男女の子どもをAからDの4つのグループにわけ、各グループごとに、他者が空気入りのビニール人形を攻撃する攻撃的モデル、またはなにも見せないなどの非攻撃モデルを観察。その後、部屋に設置されたビニール人形に対して、子どもたちがどのような行動をとるのかを検証した。

グループA 大人がビニール人形を攻撃する姿を直接見せる

グループB 大人がビニール人形を攻撃する姿の映像を見せる

グループC 乱暴な黒ネコがビニール人形を攻撃するテレビアニメの映像を見せる

グループD なにも見せない

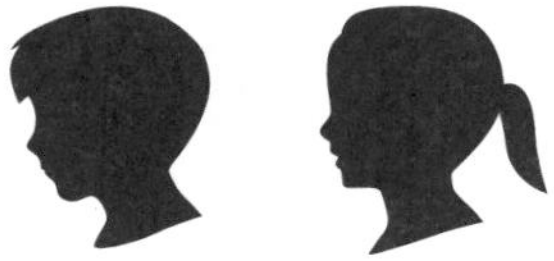

検証結果

モデルの内容に関係なく、攻撃的モデルを観察した子どもたちは、ビニール人形に対して攻撃行動をとる傾向が強いことが判明し、攻撃行動の観察学習が証明された。

●さまざまなモデルと攻撃行動（Bandura et al.,1963aより）

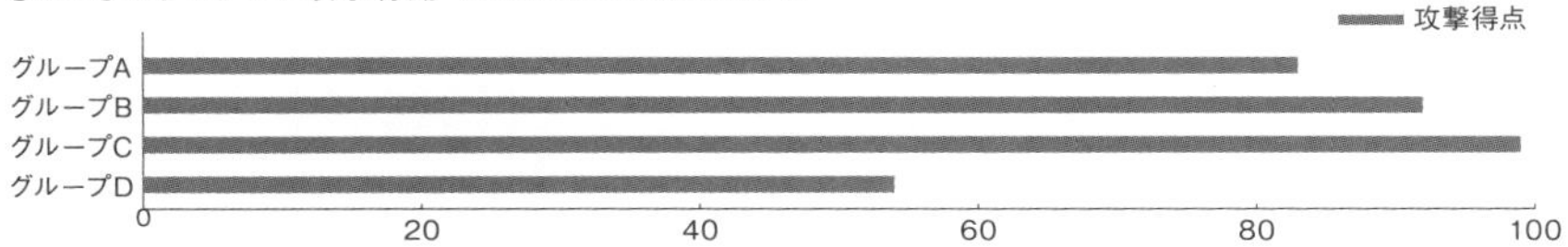

攻撃的なモデルを見たことで「観察学習（モデリング）」し、攻撃行動を模倣《もほう》する子どもが多かった。また、男児のほうが女児よりも攻撃行動が多いという結果に。

武器があると攻撃行動が起きやすい？

攻撃手掛かりの有無が攻撃行動に影響する

怒りや不満を感じたときに、相手を殴るなどの攻撃行動を起こす場合と、起こさない場合の差はどこにあるのでしょうか？ これについてL・バーコヴィッツは、人が攻撃行動を起こすには、**「攻撃手掛かり」の有無が重要な決定要素である**としています。

攻撃手掛かりとは、攻撃を引き起こさせる存在のことです。たとえば、銃は攻撃行動と密接に結びついたアイテムです。**私たちは銃を見ると、自然と攻撃を連想します。そのため怒りを感じたときに、近くにこうした攻撃を連想させるアイテムがあると、そこから怒りの解消手段として攻撃のイメージがふくらみ、実際に攻撃行動が促進されるというわけです。**

これを証明するためにバーコヴィッツは次のような実験を行いました。

まず、最初にサクラによって怒らされた条件の被験者と、とくに怒らされていない条件の被験者を用意します。次に両方の条件の被験者に、電気ショックによってサクラに攻撃行動を行う機会を与えます。その上で、両条件の被験者を電気ショックのボタンのそばに銃がある・なしなどの条件により3つのグループに分類。それぞれのグループがサクラに電気ショックを何度与えるかを調べたところ、怒っている、怒っていないに関わらず、銃のあるグループのほうが、電気ショックを与える回数が多い結果となりました。

つまり、**銃が攻撃手掛かりとなって、被験者の攻撃行動が促進されたことで、電気ショックの回数が増えるというバーコヴィッツの考えを裏付ける結果となった**わけです。

キーワード

攻撃手掛かり

攻撃手がかりの実験

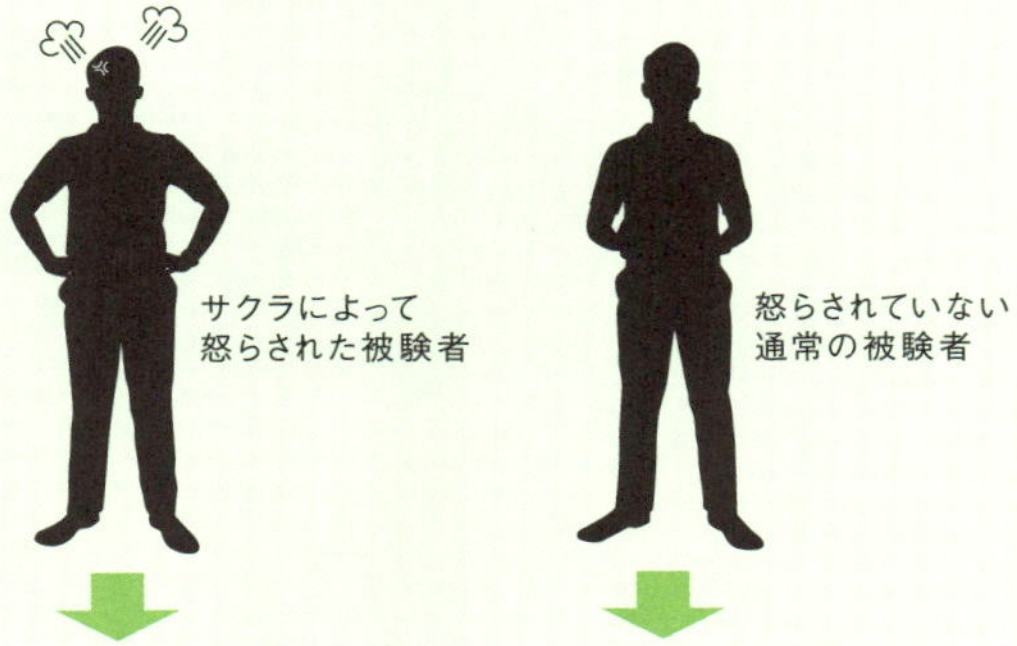
サクラによって
怒らされた被験者
怒らされていない
通常の被験者

サクラによって怒らされた被験者と、とくに怒らされていない被験者を銃の有無、銃とサクラの関係の有無で3つのグループにわけ、それぞれサクラに対して電気ショックを与えた回数を調べる実験。この結果、銃のある条件下のほうが、電気ショックを与えた回数が多い＝攻撃行動を起こしやすいことが示された。

電気ショックによってサクラに攻撃を行う機会が与えられる

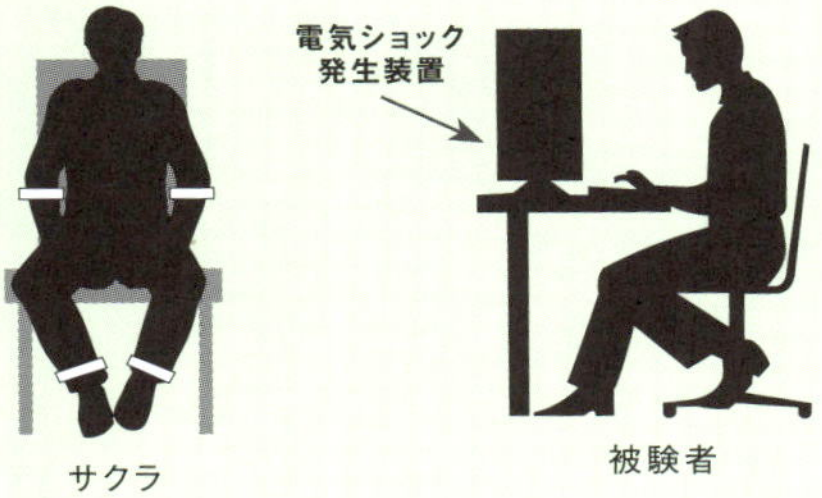
電気ショック
発生装置
サクラ
被験者

検証結果

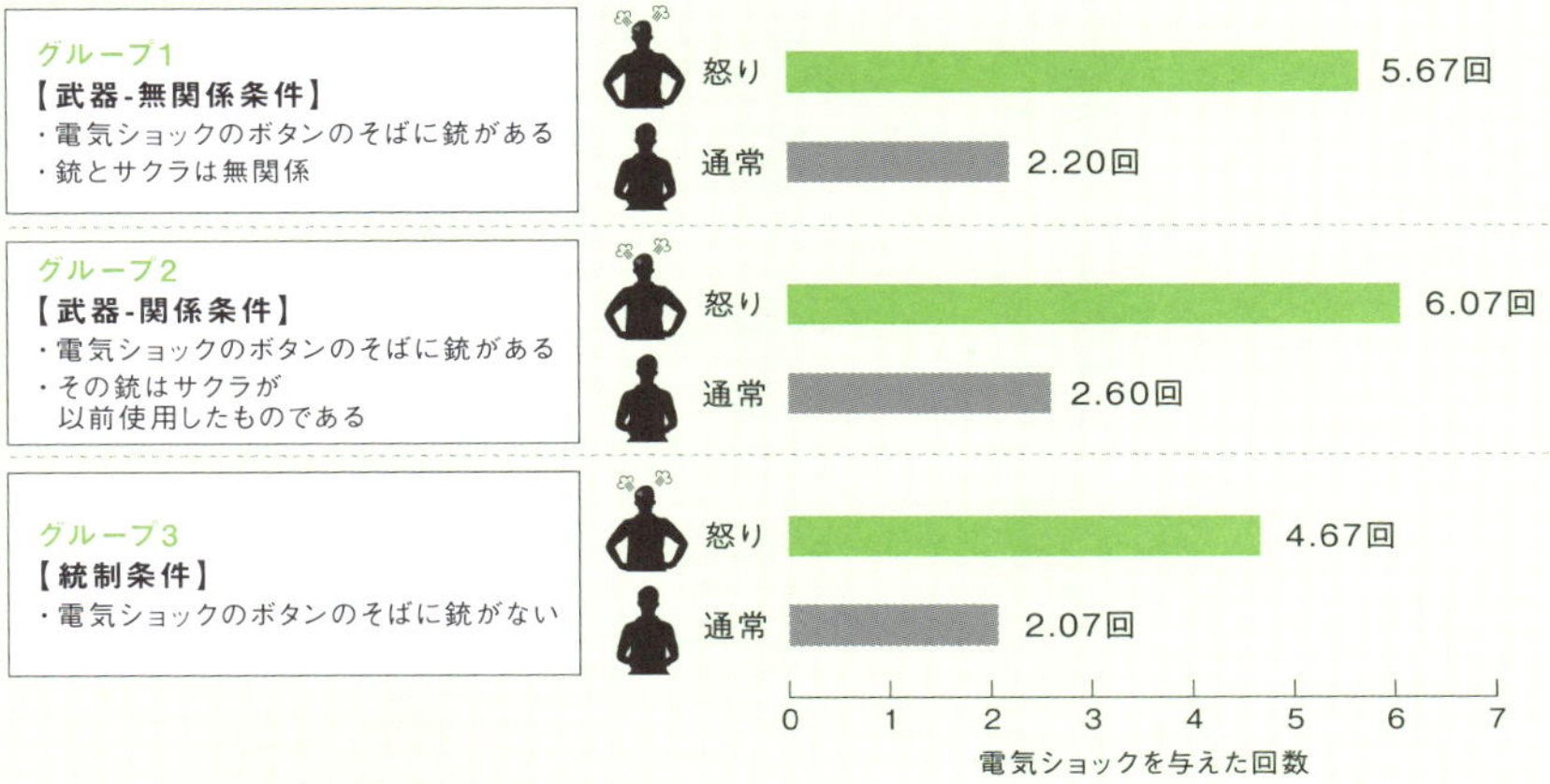
グループ1
【武器-無関係条件】
・電気ショックのボタンのそばに銃がある
・銃とサクラは無関係
怒り
5.67回
通常
2.20回
グループ2
【武器-関係条件】
・電気ショックのボタンのそばに銃がある
・その銃はサクラが
以前使用したものである
怒り
6.07回
通常
2.60回
グループ3
【統制条件】
・電気ショックのボタンのそばに銃がない
怒り
4.67回
通常
2.07回
0 1 2 3 4 5 6 7
電気ショックを与えた回数

（L.バーコヴィッツとAレページ.1967年より）

あおり運転をしやすい人の特徴とは？

キーワード
敵意帰属バイアス

敵意帰属バイアスが強い人ほど攻撃的になる

近年、あおり運転が社会問題となっています。２０１６年にＪＡＦが行った交通マナーに関するアンケート調査によると、あおり運転をされたことが「よくある」「ときどきある」と答えたドライバーは全体の54・5％にも上りました。あおり運転は車線変更や追い越しなど、些細なことがきっかけで起こりやすいとされています。しかし、たとえイラっとすることがあっても、普通は大事故につながるような危険行為には出ないものです。些細な行為で攻撃行動に出てしまうのは、どのようなタイプの人なのでしょうか？

これについて社会心理学的には**「敵意帰属バイアス」**が強い人といえるかもしれません。敵意帰属バイアスとは**相手にされた行為を、敵意や悪意から生じたものと捉《とら》える傾向のこと**です。

たとえば、朝のラッシュ時間にホームで人とぶつかったときに、敵意帰属バイアスの弱い人は「混んでいるから仕方がない」とか「ぶつかったのは自分の不注意もある」と考えるのですが、敵意帰属バイアスが強いと「わざとぶつかってきた」と考え、相手に対する攻撃行動に出る可能性も高くなるのです。

実際、**敵意帰属バイアスの強い人ほど攻撃行動に出やすいという研究結果もあります。**A・ドッジらは殺人、暴行、強盗といった犯罪で逮捕された青年を対象に、一般的には敵意がないと考えられる行為に対し、彼らがどのくらい敵意を見出すかの調査を行ったところ、敵意帰属バイアスの強い青年ほど、犯罪件数も多いことが明らかとなりました。このように敵意帰属バイアスと攻撃行動には密接な関係があるのです。

敵意帰属バイアス

●みんなが見ている前で上司から叱責された

敵意帰属バイアス弱

自分のためを思って
叱ってくれたんだ

敵意帰属バイアス強

自分に恥をかかせるために、わざと
みんなの前で怒ったに違いない!

**敵意帰属バイアスとは、
相手の行為に敵意を見つけ出しやすい心理傾向のこと**

●敵意帰属バイアスが強い人ほど攻撃行動に出やすい

**通勤時にホームを歩いていたら
前から来た人とぶつかった**

敵意帰属バイアス弱	**敵意帰属バイアス強**
敵意以外からの 行為と解釈	敵意からの 行為と解釈
人が多いから 仕方がない	**わざとぶつかってきたに 違いない!**
攻撃行動に出る 可能性は低い	**攻撃行動に出る 可能性が高い**

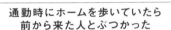

ネットでの炎上が激化するのはなぜか

キーワード
社会比較説

他人の意見を知ることで批判が加速する

大小の差こそあれ、いまや毎日のように起きているのがインターネットでの炎上騒動です。有名人の不適切発言やスキャンダル、バイトテロと言われる動画の公開、公務員や企業による不祥事など、ひとたび話題になれば、たちまちSNSで拡散。本人や企業のアカウントには、大量の非難が寄せられる事態となります。

こうしたインターネットでの炎上で特徴的なのが、批判が過激化していくというものです。相手の人格を否定するようなものから、差別的な発言、さらには「死ね」といった直接的なものまで罵詈雑言《ばりぞうごん》が並びます。なぜインターネットでの炎上は激化しやすいのでしょう。

その理由のひとつとして考えられるのが**「社会比較説」**と「集団極化」です。**社会比較説とは、他者の多くが自分と同じ意見であることで自分の意見に自信を持ち、その考えがより強化されることです。集団極化（48ページ）は、集団で討論する際、メンバーにリスキーな意見の人が多ければ、集団での意思決定もよりリスキーに、逆に安全志向の人が多いとより安全に偏《かたよ》る傾向のこと**です。

インターネットの世界というのは、自分と同じ意見の人を見つけやすい環境であり、自分と同意見のみ見聞きする、あるいは同意見のコミュニティーに参加することで、集団極化も起きやすくなります。加えて、沈黙の螺旋《らせん》（30ページ）や反対意見を軽視する集団的浅慮《せんりょ》（50ページ）なども発生しやすく、これらが複合的に合わさることで、激化しやすいと考えることができます。もちろん、インターネットの匿名性も炎上が激化しやすい大きな要因のひとつでしょう。

社会比較説

消費税は
導入すべきだ！
自分は賛成だけど
みんなはどう思って
いるんだろう

他人の意見を知る

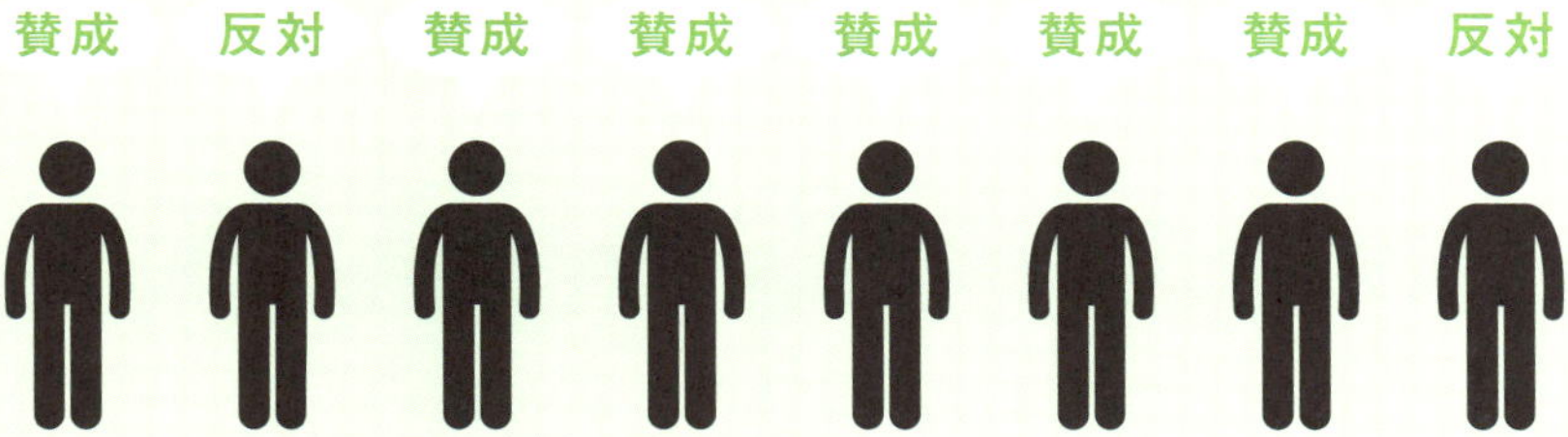
賛成
反対
賛成
賛成
賛成
賛成
賛成
反対

意見の極化

賛成のほうが多いから
消費税を導入する
ことは正しい！

多数の他者の意見が自分と同じであることがわかると、**自分の考えに自信を持ち、より一層その考えが強化される。**

人は多数派に属したがる

沈黙の螺旋《らせん》が少数派をさらに少数派にする

キーワード **沈黙の螺旋**

1965年のドイツ連邦議会選挙では、直前までふたつの政党の支持率は拮抗《きっこう》していたにも関わらず、実際の投票では片方の政党が圧勝するという結果になりました。支持率は拮抗していたのに、なぜ選挙では大きな差がついたのでしょうか。

この出来事に興味を持ったノエル・ノイマンは、選挙前のある世論調査に着目します。それは、ふたつの政党のうち、「どちらが勝ちそうか」という質問で、その回答を見ると圧勝した政党を選んだ人が、半年ほど前から急増しているというものでした。つまり、支持率とは別に、世論はこの選挙でどちらが優勢かをはっきりと認識していたということです。

ノイマンは、こうした世論の認識が選挙結果を左右したと考え、「**沈黙の螺旋《らせん》**仮説」を提唱しました。これは**自分たちが優勢と認識した側はより雄弁になり、劣勢と認識した側は孤立を恐れて沈黙。その沈黙がさらに優勢派の勢いを印象付け、劣勢派はより不利な状況に追い込まれる**というものです。

ノイマンは、この沈黙の螺旋が起きる過程においては、マスメディアによる世論調査などの情報が重要な役割を果たしていると主張しています。また、この説は人間は社会的な存在であり、社会の中で孤立することを恐れるということが前提になっています。そのため多くの人が周囲や社会の動向を察知し、孤立しない意見を選び出した結果、多数派はより多数派に、少数派はより少数派になるとしています。その一方で、孤立を恐れない人々の存在にも触れ、こうした少数派は変革のためには欠かせない存在であるとしています。

沈黙の螺旋

Aを支持
Bを支持
A・Bのふたつの案がある
B
B
B
A
B
保留
世論はB支持が優勢
沈黙の螺旋
声を上げ
にくいな…
B案が最良の選択よ!
劣勢のAは
支持を表明しにくくなる
優勢のBは
支持を表明しやすくなる
B支持が多いから
自分もBでいいや
多数派への同調もありB支持が増える

渋谷のハロウィンは なぜ暴徒化した？

群衆には「一体感」「無責任性」「無名性」の3つの特徴がある

いまやすっかり日本にも定着した感のあるハロウィン。子どもたちが仮装してお菓子をねだる様子は微笑《ほほえ》ましくもありますが、一方で渋谷の繁華街では集まった群衆の一部が路上で軽トラックを横転させるなど、半ば暴徒化する騒動も起きました。

この渋谷で暴れた人たちのように、普段ひとりのときは絶対にやらないようなことでも、それが群衆になると周囲に影響されてやってしまうということがあります。これが**「群衆心理」**です。

群衆心理の特徴としては、**「一体感」「無責任性」「無名性」の3つ**を挙げることができます。スポーツやイベントなど、ある共通する目的のために集まった群衆には、一体感が生まれやすくなります。渋谷の例でいえば、集まった人々にはハロウィンという共通の目的がありました。たとえ、ひとりで来ていてもハロウィンという共通項があることで、周囲の人との一体感が生まれやすいわけです。この一体感は気分の高揚を招きます。感情が高ぶれば、それだけ冷静な判断力や抑制力は低下するでしょう。そこにアルコールも加われば、なおさら歯止めが効かない状態になりやすいわけです。

また、**群衆は組織の集団と違って、一人ひとりが役割や義務に縛られることがありません。**そのため、なにをしても構わないという無責任性も生じやすくなります。

さらに、周囲の人に自分が何者であるかを知られていない無名性によって罪悪感も薄まることから、その場の勢いやノリでモラルに反する行動をとりやすくなってしまうのです。

キーワード **群衆心理**

群衆心理の特徴

一体感

群衆には一体感が生まれやすく、気分の高揚が起きやすい。

無責任性

自分を群衆と一体化することで、個人の自我が薄れて、無責任な行動をとりやすい。

無名性

見ず知らずの人が集まる匿名性が高いため罪悪感が薄れやすい。

不安があると人は群れたがる?

人が群れる理由のひとつに、「周囲の人の考えを確かめて安心したい」という心理がある。たとえば、被験者に「電気ショックの効果を調べる」と告げた実験では、「電流は微弱でショックはない」と伝えられたグループに比べて、「強いショックがある」と伝えられたグループのほうが、実験開始までの過ごし方について「他の人と一緒に待つ」と回答した人が多かった。これは「他の人も自分と同じく不安であることを確かめて、安心したい」という心理が働いたからである。

●被験者に「電気ショックの効果を調べる実験をする」と告げる

グループA

「電流は弱く
なんらショックはない」
と伝える

なんらショック
はない

グループB

「電流は
強いショックを伴う」
と伝える

強いショック
がある

準備が整うまでの過ごし方の希望を調査

	グループA	グループB
他の人と待つ	33%	60%
ひとりで待つ／どちらでもよい	67%	40%

パニックはどんなときに起きるのか？

キーワード　パニック

特定の条件下だとパニックが起きやすい

群衆は大きな事故や災害などの緊急事態に直面すると、理性を失いパニックを起こしてしまうと私たちは考えがちです。しかし、これまでに起こった災害や事故をみると、必ずしも群衆がパニックを起こすわけではないことがわかっています。

では、どのような状況だとパニックが引き起こされやすいのでしょうか。**生命や財産に対して切迫した危機が迫っている状況で、危機からの脱出ルートが限られている、あるいは閉ざされようとしている場合にパニックが起こりやすい**と考えられています。

こうしたパニックの心理については、次のような実験があります。短時間のうちに複数の被験者が部屋から脱出しなければなりませんが、部屋には出口がひとつしかなく、ひとりずつしか通れません。被験者の手元には「脱出」「譲歩」と書かれたふたつのボタンがあり、脱出のために次のようなルールが設定されます。

・脱出ボタンを１００回押せば、その人は脱出できる。

・ただし、他の人も同時に脱出ボタンを押していた場合はどちらもカウントされない。

・このとき譲歩ボタンを押せば相手がカウントされる。

この条件に加え、さらに「脱出に失敗した場合、強い電気ショックが流れる」という恐怖条件も付けます。こうしてパニックが起こりやすい状況を意図的につくりだすと、参加者たちは時間とともに譲歩ボタンよりも脱出ボタンを押す回数が増加。互いが自分だけは助かろうと脱出ボタンを押し合った結果、全員が脱出に失敗してしまう事態となったのです。

パニックが起こりやすい状況

生命や財産に対して
切迫した危機が迫っている状況で……

- ●危機からの脱出ルートが限られている
- ●危機からの脱出ルートが閉ざされようとしている

パニックが起こりやすい

●脱出ルートが限られている状況での心理実験

複数の人が短時間のうちにドアから脱出しなければならない

脱出するための条件として以下のルールが告げられる

- ●全員に「脱出」ボタンと「譲歩」ボタンが渡される
- ●手元の脱出ボタンを100回押せば脱出できる
- ●他の人も同時に脱出ボタンを押していた場合は
どちらもカウントされない
- ●譲歩ボタンを押せば相手がカウントされる

実験の結果、全員が脱出に失敗してしまう!

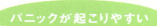

緊急事態でも人が避難しないのはなぜ？

他人が行動しないと緊急事態と気づかない

近年、日本では集中豪雨などによる被害が相次いでいます。こうした災害時には気象庁が避難勧告を出して警戒を呼びかけますが、それでも逃げ遅れて被害に遭《あ》う人も少なくありません。

災害時に人が避難しないのは、そもそも**「いま起きていることが緊急事態であると認識していない」ことが大きな要因**であると考えられます。たとえば、避難勧告が出されたとき、近所の人が避難していると「危険なのかな」と感じて自分も避難しようと考えますが、誰も避難していないと「大丈夫だろう」と考えて、自分も避難をしないというわけです。

このように他の人が行動しないことで、自分の不安や疑念を抑えて、たぶんたいした事態ではないだろうと捉えることを**「多元的無知」**といいます。

この多元的無知については、次のような研究もあります。インタビューの名目で2〜3人の学生を部屋に集め、アンケートに記入してもらいます。ほどなく、通気口から室内に煙が流れ込んできますが、実は学生のうち本当の実験参加者はひとりだけで、残りはサクラです。サクラの学生は煙が室内に充満しても、とくに気にした様子もなく、平然とアンケートを記入し続けます。この状況のとき、参加者は煙のことを研究者に報告するでしょうか？　学生が参加者ひとり（自分だけ）の場合、55％の人が2分以内に煙のことを研究者に報告しましたが、サクラひとりまたはふたりと一緒にいた場合だと2分以内に報告したのはわずか12％でした。煙が充満するという異常事態にも関わらず、他人が行動しないことで、たいした事態ではないと考えたのです。

キーワード
多元的無知

多元的無知

アンケートに記入中、通気口から室内に煙が流れ込む。ひとりの場合は55%の人が2分以内に煙のことを報告したが、平然とするサクラひとりまたはふたりと一緒だと、2分以内に報告した人は12%しかいなかった。

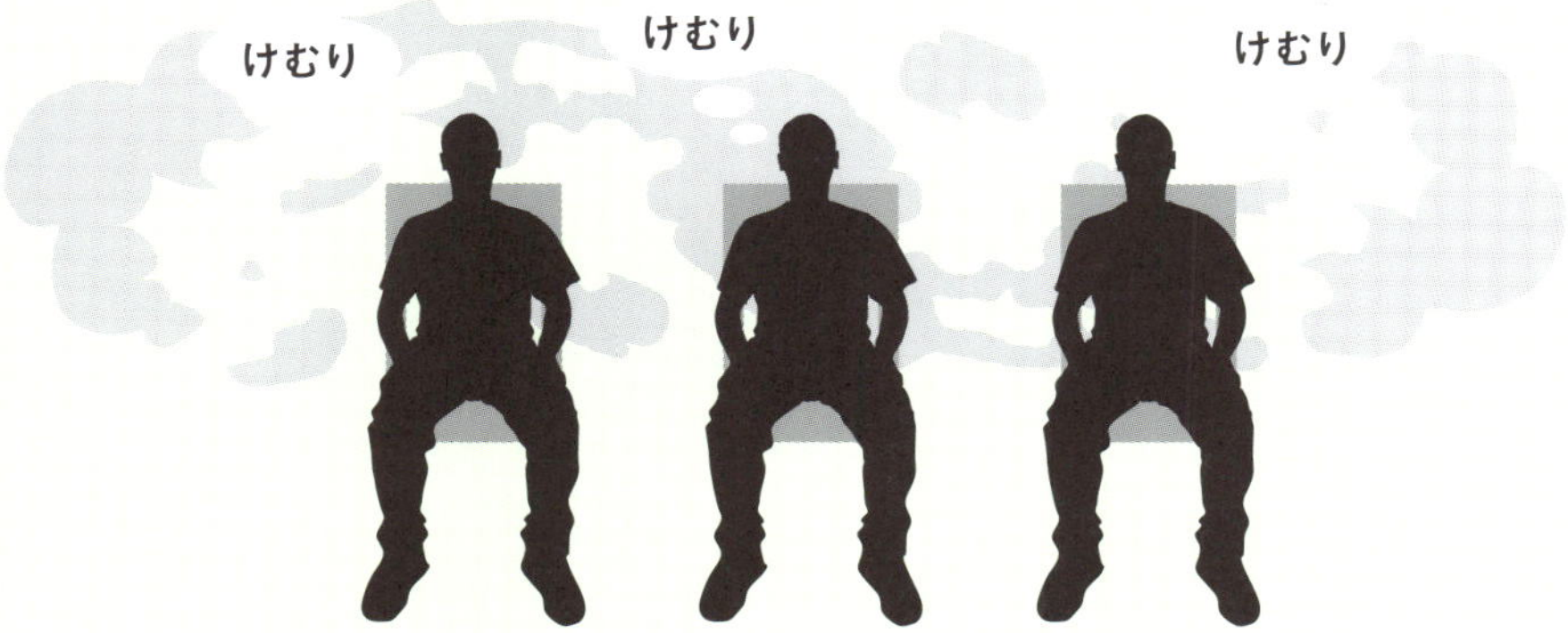
けむり
けむり
けむり

煙が出てる!

●参加者がひとりの場合

⇒2分以内に55%、
4分以内だと75%の人が報告

煙が出てるけど
みんな平然としているし、
問題ないのかな?

●参加者とサクラの2名、または
参加者とサクラ2名の計3名の
グループの場合

⇒2分以内に12%の人しか報告せず、
4分経過しても報告する割合は
変わらなかった

信じる者は救われる？

解釈を変えることで矛盾を解消する

自分の心の中に矛盾を抱えた状態のことを「認知的不協和」といいます。これはフェスティンガーによって提唱された理論で、認知的不協和が起きると、人は無意識のうちにそれを解消しようとします。

これについてフェスティンガーは、次のような研究を行っています。ある宗教団体の信者たちは「１９５４年12月21日に大洪水が発生して世界は滅びるが、自分たちは宇宙人によって助けられる」と信じていました。しかし、当日になってもなにも起きません。ここで信者たちは、自分の心の中に「予言は必ず実現するはずだが、実際は大洪水も宇宙人も来ていない」という矛盾を抱えることになります。そこで信者たちは「自分たちの信仰心によって神が洪水を防ぎ、世界は救われたのだ」と考えるようになりました。予言が外れたという事実の解釈を変化させることで、自分の中の矛盾、すなわち認知的不協和を解消したというわけです。

これと同じようなことは喫煙者にもいえます。喫煙者にとって、健康に悪いにも関わらずタバコを吸っているという行為は、自分の中に矛盾を抱えた状態といえます。

これを解消する方法としては、思い切って禁煙するという手もありますが、これはそう簡単にはできません。そこで、「喫煙者でも長寿の人がいる」とか「禁煙するストレスのほうが体に悪い」というふうに考えて、認知的不協和を解消しようとします。

このように人は、**自分に都合の良い情報だけを選んだり、解釈をしたりすることで、できるだけ認知的不協和を起こさないようにしているわけです。**

キーワード **認知的不協和**

認知的不協和の解消

ある信仰集団の例

ある教団の信者たちは
「1954年12月21日に
大洪水が発生して世界は滅びるが、
自分たちは宇宙人によって助けられる」
と信じていた

↓

しかし、1954年12月21日の
当日になってもなにも起こらない

↓

予言が実現しなかったことで信者たちに
認知的不協和が発生

↓

認知的不協和を解消するため信者たちは「自分たちの
信仰によって洪水は起きなかった」と考えた

フェスティンガーの認知的不協和実験

本当は退屈な作業にも関わらず、「面白かった」と言わされることで生じた認知的不協和を、参加者たちがどのように解消したかの実験。20ドルの報酬をもらえるグループと、1ドルの報酬をもらえるグループそれぞれで検証した。

20ドルのグループ	1ドルのグループ
20ドルの報酬を与え、次の作業者に「面白かった」と告げるよう指示	1ドルの報酬を与え、次の作業者に「面白かった」と告げるよう指示

その後、本音を聞くと……

本当はつまらない
作業だった

20ドルという
高額な報酬によって
認知的不協和を解消

意外と面白い
作業だったよ

1ドルでは認知的不協和は
解消できず、認知そのものを
「面白い」と変化させて解消した

疎外感が人を犯罪に走らせる？

社会的排除の状態にあると攻撃性が高くなる

1995年から2001年にかけてアメリカで発生した15件の学校での銃発砲事件のうち、13件の加害者はひどいいじめや仲間外れにあっていました。また、犯罪行為や非行に走る少年は、両親との関係が希薄であるなど、社会の中で強い疎外《そがい》感を持つという指摘もされています。このように**家族や仲間から疎外され、社会的な絆を形成できていない人は攻撃行動を起こしやすいのでしょうか？**　トゥエンギーはこうした**「社会的排除」**と攻撃行動の関係を検証するために次のような実験を行っています。

まず4～6名の初対面の学生を集め、15分ほど会話をしてもらいます。次に個別にアンケートを行い「参加者のうち一緒に課題を行いたいと思う人物」を2名挙げてもらい、参加者を「グループの全員から一緒に課題を行いたい人物に選ばれた」と伝える受容条件グループと、「グループの誰からも一緒に課題を行いたい人物に選ばれなかった」と伝える拒否条件グループにわけます（このグループわけはアンケートに関係なくランダムに行われています）。その後、グループわけとは無関係な相手と、勝利すると相手のヘッドフォンに不快なノイズを流して嫌がらせできるゲームを行ってもらいます。すると、拒否条件の参加者は受容条件の参加者に比べ、相手に流すノイズの強さが1・4倍、長さが2倍と高い攻撃性を示しました。

参加した学生たちは、実験のために**疑似的な社会的排除の状態を与えられただけに過ぎないのですが、それでも疎外されているという感情を抱いただけで、このような高い攻撃性が生まれる結果となったのです。**

キーワード　**社会的排除**

社会的排除と攻撃行動の実験

複数の参加者で自己紹介を含め15分ほど会話をしてもらう

個別にアンケートを行い「参加者のうち一緒に課題を行いたいと思う人物」を2名挙げてもらう

参加者を「受容条件」と「拒否条件」の2つのグループにわける
(このグループわけはアンケートに関係なくランダムに振りわける)

全員OK

①受容条件グループ

「グループの全員から
一緒に課題を行いたい
人物に選ばれた」
と伝える

全員NG

②拒否条件グループ

「グループの誰からも
一緒に課題を行いたい
人物に選ばれなかった」
と伝える

グループわけとは無関係な相手と、勝利すると対戦相手のヘッドフォンに
不快なノイズを流して嫌がらせできるゲームを行ってもらう。
このとき、相手に流すノイズの強さと長さは勝利者が自由に決定できる

拒否条件の参加者は受容条件の参加者に比べて、**相手に流すノイズの強さが1.4倍、長さが2倍と明らかに高い攻撃性を示した。**

服従の心理

アイヒマン実験（18ページ）では、普通の善良な人でも権威によって命令されると、残忍な行為を実行してしまうことを紹介しました。こうした「服従」はなぜ起こったのでしょうか？

その理由のひとつに、「代理人状態への移行」が考えられます。これは、自分自身を他人の要望を忠実に遂行する単なる代理人とみなすようになる状態のことです。

実験に参加した人たちは、研究者の命令に従ううちに「電気ショックを与えているのはあくまで研究者であって、自分はただその指示に従って、ボタンを押しているに過ぎない」と考えるようになります。

そして、こうした代理人状態へ移行すると、自分自身には責任がないと感じるようになり、たとえ他人を傷つける行為を実行しても罪の意識がなくなります。

大量虐殺などの重大な犯罪が行われたとき、私たちは「人としてなんらかの重大な欠陥があり、自分たちとは違うからこそ、このような非人道的なことができたのだ」と考えてしまいがちです。しかし、まともな理性を持った人物であっても、環境によっては同じことをしてしまう可能性があります。アイヒマン実験はそのことを私たちに突き付けているのです。

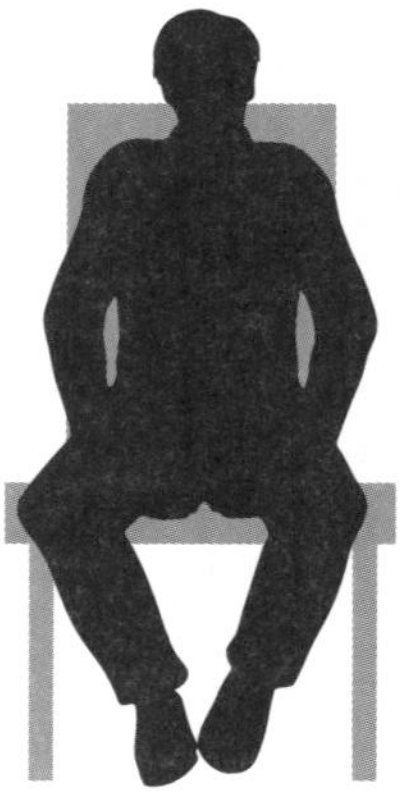

第2章

組織・集団の心理学

集団における独自ルールとは？

他の人の影響により集団規範がつくられる

集団の中で共有されている価値判断や行動判断の規準のことを「集団規範」と呼びます。集団において、そのグループ独自のルールや慣習、価値観があることはめずらしくありませんが、このような集団規範はどのようにしてつくられるのでしょうか？

シェリフは集団の中で規範がつくられていく過程について、次のような実験によって検証しました。

まず2～3人の被験者を暗室に入れ、暗闇《くらやみ》の中で点状の光を見せます。次に被験者に、暗闇の光が何インチ動いたかを順番に回答してもらいます。すると、個人で回答したときはバラバラな数値だったのが、2～3人で一緒に実験を受けたときは、回数を重ねるごとに全員の答えが次第に近づいていく結果となりました。

実は光はまったく動いておらず、動いたように見えるのはただの錯覚なのですが、**複数で行う場合は、他人の答えた数値を参考にするため、だんだんと数値が近づいていきます。**つまり、本来はバラバラであるはずの個人の考えが、集団の中に入ると、他者の行為に相互に影響を受け合うようになるため、次第に統一されていくというわけです。

こうした集団規範は、所属メンバーの価値観に左右されます。たとえば、「社会人は身だしなみが大切」と考える人の多い集団は、服装や髪型に対して強い集団規範ができやすく、同じ集団のメンバーに対してもその規範に従わせようとする力が働きます。

なお、**集団がある行動に対してどのような規範の強さを持つかは、左図のような「リターン・ポテンシャル・モデル」で表すことができます。**

キーワード **集団規範**

集団規範が生成される過程の実験

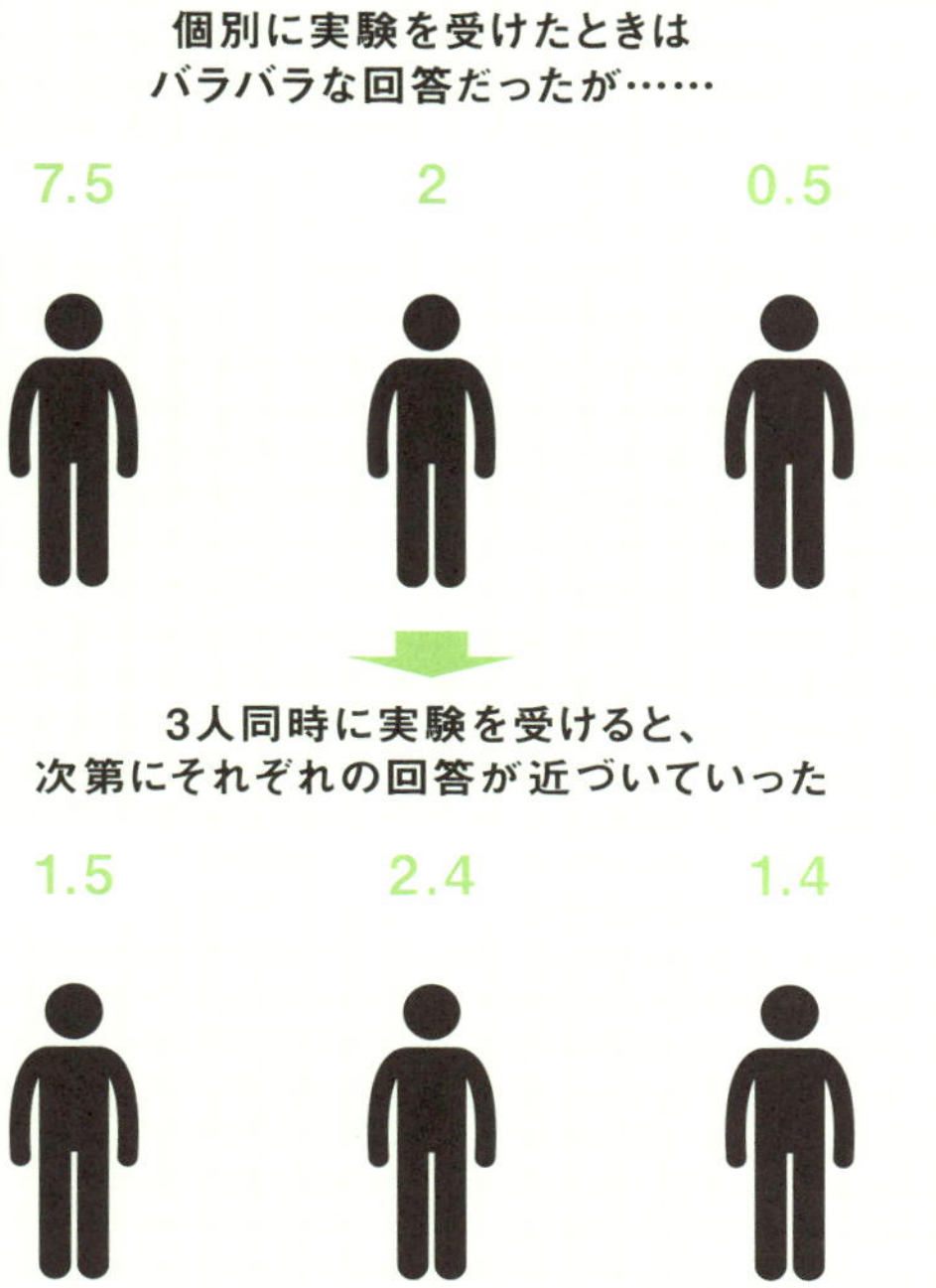
個別に実験を受けたときは
バラバラな回答だったが……
7.5
2
0.5
3人同時に実験を受けると、
次第にそれぞれの回答が近づいていった
1.5
2.4
1.4

暗闇の光が何インチ動いたかを回答してもらう実験。ひとりで回答したときはバラバラな数値だったが、2～3人で一緒に実験を受けたときは、回数を重ねるごとに全員の答えが次第に近づいていく結果となった。

リターン・ポテンシャル・モデル

集団がある行動に対して、どのような規範の強さを持つかをモデル化したもの。たとえば、ある集団の「高校生のお小遣いに関する規範」を調べる場合、最初にメンバー全員に1000円～1万円の各金額についての"ひと月のお小遣いとして子どもに渡すことの望ましさ"を+4～−4の9段階で評価してもらう。次にその平均値をとってグラフ化したところ、右のような図になったとする。この場合、その集団がもっとも望ましいと考えている金額は5000円で、3000円～7000円の間であれば許容できる（マイナス評価ではない）という規範が存在していることがわかる。

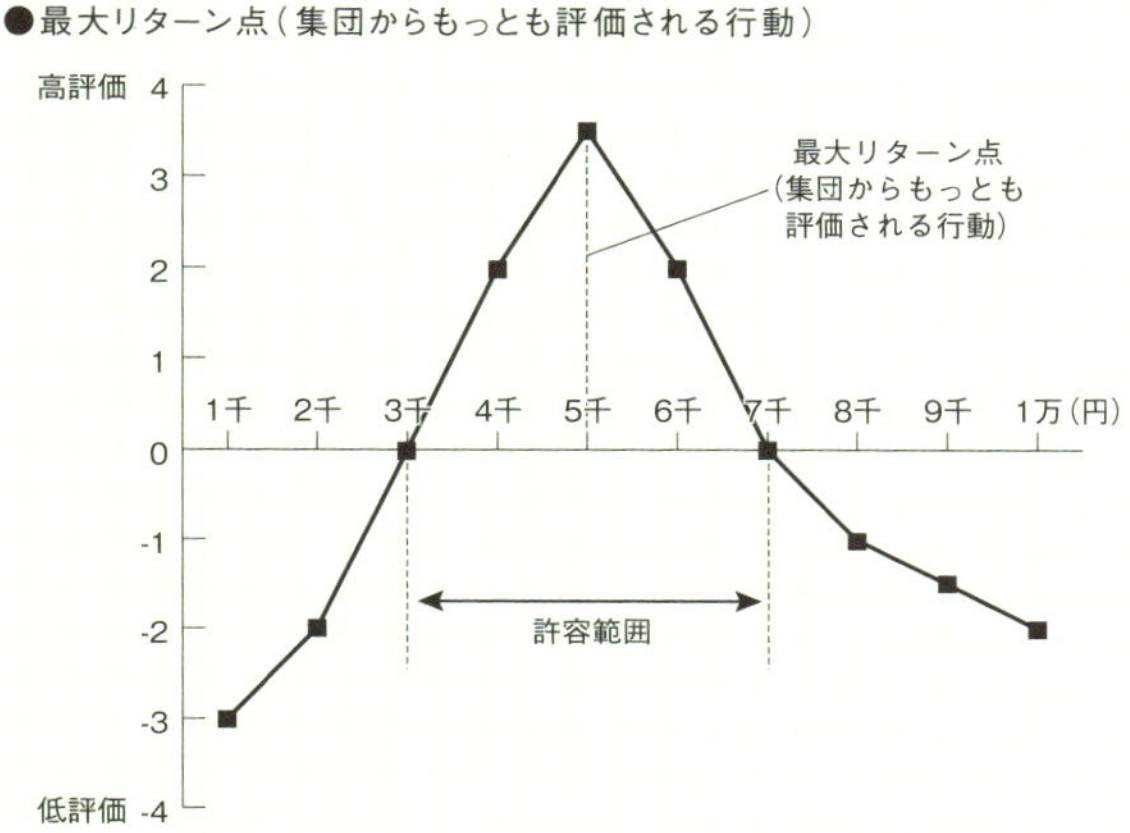
●最大リターン点（集団からもっとも評価される行動）
高評価 4
3
2
1
0
-1
-2
-3
低評価 -4
1千
2千
3千
4千
5千
6千
7千
8千
9千
1万（円）
最大リターン点
（集団からもっとも
評価される行動）
許容範囲

人はなぜ組織に服従してしまうのか？

キーワード **社会的勢力**

服従を起こさせる5つの社会的勢力

私たちはグループでなにかを決めるとき、本心では違うことを思っているのに、周囲に合わせて同調してしまうことがあります。こうした**上辺だけの同調のことを「外面的同調」といいます。**たとえば、これからみんなでカラオケに行こうと盛り上がっているときに、本当は家に帰りたいにも関わらず、「ここで断ったら場をシラけさせる」とか「メンバーから付き合いの悪いやつだと思われたくない」と考え、一緒にカラオケに行くというのが外面的同調に当たります。これとは逆に、周囲の意見が正しいと判断して同調することを「内面的同調」といいます。

また、外面的同調は服従行動においても機能します。たとえば、企業による組織ぐるみの不正などは、服従によって起きる事件といえるでしょう。本心では正しくないと思っていても、「会社のためである」とか「自分の立場を悪くしたくない」という心理から、命じられるまま不正行為に加担してしまうわけです。

フレンチとレイブンは、アイヒマン実験（18ページ）で見られたような権威への服従を引き起こす力を**「社会的勢力」**と呼び、それらを、報酬を与えることで服従を促《うなが》す「報酬勢力」、上司や先輩など目上の立場であることを利用する「正当勢力」、相手の好意や敬意を利用する「参照勢力」、その分野の専門家であることで服従を起こさせやすくする「専門勢力」、相手に罰を与える権利を持つ「強制勢力」の5つに分類しました。**普段は善良で責任感のある人でも、こうした社会的勢力の下に組み込まれると、それが間違っているとわかっていても服従してしまうことがあるのです。**

内面的同調と外面的同調

同調には、周囲の意見が正しいと判断して同調する「内面的同調」と、本心では同意していないが集団からの排除を恐れて表向きだけ同調する「外面的同調」の２種類がある。自分がその集団に価値を感じており、メンバーとの結びつきが強いほど外面的同調が起きる傾向にある。

寿司より焼き肉のほうが旨い！
ホント、その通り！
その通り！
本当は寿司のほうが好きなんだけどな…
内面的同調
外面的同調

服従を起こさせる社会的勢力

フレンチとレイブンは人に服従を起こさせることのできる力を「社会的勢力」と呼び、こうした社会的勢力について、「報酬勢力」「正当勢力」「参照勢力」「専門勢力」「強制勢力」の５つに分類した。

報酬勢力

報酬を与えることのできる立場にいる者

強制勢力

罰を与えることのできる立場にいる者

正当勢力

上司、先輩など自分より社会的地位が高いと思う相手

専門勢力

法律、医療、文化、政治といった、ある分野の専門家

参照勢力

好意を抱いている相手、尊敬している相手

集団の意見は極化する

集団による決定は偏ったものになりやすい

キーワード　**集団極化**

物事を決定する際、ひとりで決めるよりも、みんなで話し合ったほうが、より安全で無難な決定になりやすいと思いがちです。しかし、ストーナーの研究によると、実はそうでもないことが明らかとなっています。

この研究の中でストーナーは「選択ジレンマ質問紙の実験」というものを行います。これは「将来の保証はないが、高額な報酬が期待できる仕事に転職すべきか」といったリスクを伴う12の質問を行い、それぞれ成功率が何パーセントあればチャレンジすべきかを参加者に回答してもらうというものです。

この質問をひとりで回答してもらった場合の平均は男性が55・8％、女性は54・7％でした。つまり、男女とも50％以上の成功率がなければチャレンジすべきでないと判断したのです。次に男女をそれぞれ6人グループにし、全員で協議してひとつの回答を出してもらうという形にしたところ、男性グループは47・9％、女性グループは46・8％と、ともに個別に回答したときよりも、低い確率でもチャレンジすべきという結論になりました。このように**個人よりも集団で協議して出した結論のほうが、よりリスキーなものとなる現象を「リスキー・シフト」と呼びます。**また、その後の研究で、メンバーに安全志向の人が多いと、集団での決定もより安全な方向に偏《かたよ》る「コーシャス・シフト」という現象が起きることもわかりました。

このように個人と比べて集団での意思決定が偏ることを**「集団極化」**といいます。集団極化が起きる理由としては同調行動（14ページ）や社会比較説（28ページ）といった、さまざまな説が提唱されています。

リスキー・シフト実験

リスクの伴う選択に対し、成功する確率が何パーセントあればチャレンジすべきかを回答してもらう実験。個別に回答した場合に比べて、集団で協議して決めた場合のほうが、よりリスクの高いパーセントでもチャレンジすべきという集団極化が見られた。

●以下のような12の質問に回答してもらう

【質問例】

【1】ある電気技師がほどほどの給料と終身雇用が保証されている現在の職にとどまるか、将来は保証されていないがかなりの高給が期待できる仕事に転職するかで迷っている。成功する確率が何%あれば転職を勧めるか？

【2】ある人が重い心臓病を患い、難しい手術を受けなければ普通の生活を送ることはできない。しかし、その手術は成功すれば完治するが、失敗すれば命にかかわる。成功する確率が何%あれば手術を勧めるか？

●男性の場合

【事前に行った個別回答の平均値】

55.8%

【グループで討論して出した回答の平均値】

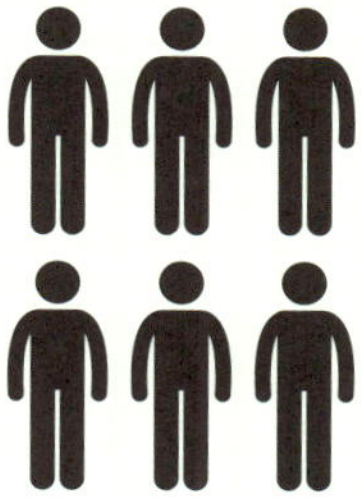

47.9%

7.9%リスキーな方向にシフト

●女性の場合

【事前に行った個別回答の平均値】

54.7%

【グループで討論して出した回答の平均値】

46.8%

7.9%リスキーな方向にシフト

組織の誤った意思決定は どのように起きる？

キーワード　集団的浅慮

「過信」「軽視」「遮断」の3つの兆候がある組織は要注意！

個人だと正しい判断ができるのに、集団で協議すると間違った判断を下してしまうことがあります。これは**「集団的浅慮《せんりょ》」**（グループシンク）と呼ばれ、アメリカの心理学者ジャニスによって提唱されました。

ジャニスは、アメリカ政府をひとつの集団とみなし、彼らによる過去の失敗の歴史（真珠湾攻撃、朝鮮戦争、ベトナム戦争、ピッグス湾事件、ウォーターゲート事件など）を調査。さまざまな記録から大統領とそのアドバイザーたちが、どのような経緯で誤った政策決定に至ったのかを分析し、集団的浅慮の兆候などを系統化しました。

ジャニスによると、**集団的浅慮はメンバーの結束力が強く、反対意見の出にくい閉鎖的な集団に発生しやすい**といいます。また、集団的浅慮が起きる兆候として、**自分たちは大丈夫という無根拠な過信、外部からの忠告の軽視、自分たちにとって不都合な情報や反対意見の遮断**といったことを挙げ、これらを改善しなかった場合には意思決定のプロセスにおいて、「他の案を充分に検討しない」「その案が抱えるリスクやコストが検討されない」「非常事態での対応策を考えない」といった問題が起きるとしています。

ジャニスは過去にアメリカ政府が行った政策における意思決定のプロセスを分析しましたが、彼の指摘は民間企業にも通じています。たとえば、工場などで以前からその危険性や問題が指摘されていたにも関わらず、組織がこれを軽視した結果、重大な事故を引き起こしてしまったというのも、集団的浅慮の代表的な一例といえるでしょう。

集団的浅慮

疑集性の高い集団では、集団内での意見の一致を追求する傾向が強い

●集団的浅慮を引き起こす兆候

おれたちなら
大丈夫!

自集団の能力への過信

自分たちは大丈夫だという幻想や、自分たちは決めたことは最後までやり遂げるといった集団の価値観に対する過剰な信念。

素人の意見なんて
聞く必要ないよ

外集団への軽視

外部の人間をなにもわかっていない素人と見下したり、そこからの忠告を軽視したりする。

おかしいと思うけど
言い出しにくいな

疑問や批判の遮断

自分たちに不都合な情報は、その内容を割り引いたり、内容を都合よく歪《ゆが》めて捉える。また、異論を唱えることへの圧力があることで、全員が一致したからこれで正しいという幻想が生まれる。

●集団的浅慮による決定の問題

1.他の案を充分に検討しない
2.目標を充分に検討しない
3.情報収集が乏しくなる
4.手元にある情報から都合のよいものだけを取り上げて検討する
5.一度却下された代替案は再検討しない
6.その案が抱えるリスクやコストが充分に検討されない
7.非常事態での対応策を考えない

誤った判断を覆すためには？

間違っているとわかっても引き返せない心理

キーワード
心理的拘泥現象

集団極化や集団的浅慮など、集団での意思決定には、さまざまな問題が発生する可能性があることはここまで説明してきました。では、集団で決定したことが、あとになって間違っていたと判明した場合、これをすぐに撤回することができるでしょうか？

その答えはＮＯです。なぜなら、一度決めた決定事項は、**たとえその結論が間違っていても覆《くつがえ》せなくなる「心理的拘泥《こうでい》現象」が起こる**からです。

心理的拘泥現象とは、これまでにかかった労力を無駄にしたくないという気持ちや、自分たちの判断が間違っていたと認めることへの抵抗から、決定した事柄を覆すことができない心理状態のことです。

たとえば、会議の結果、うまくいけば大きな収益が見込めるプロジェクトに対し、毎月1千万円ずつ合計1億円投資することにしたとします。ところが、プロジェクト開始から半年経過しても思っていたほど収益が出ません。ここで投資を止めるという選択肢もありますが、そうするとこれまで投資した6千万円をドブに捨てることになってしまいます。しかも、この投資には社長が一番強く賛成していたため、中止することは社長の顔に泥を塗ることにもなりかねません。そんなわけで投資は続行され、見事に1億円を失うハメになるのです。これは心理的拘泥現象の典型的な例といえますが、**誤った集団決定を行わない方法として「悪魔の擁《よう》護者《ごしゃ》」というものがあります。**これは、決められたメンバーのひとりが、役割としてあえて反対意見を述べるというもので、そうすることで他の人も遠慮なく意見を言えるようになり、より慎重な決定ができるわけです。

心理的拘泥現象

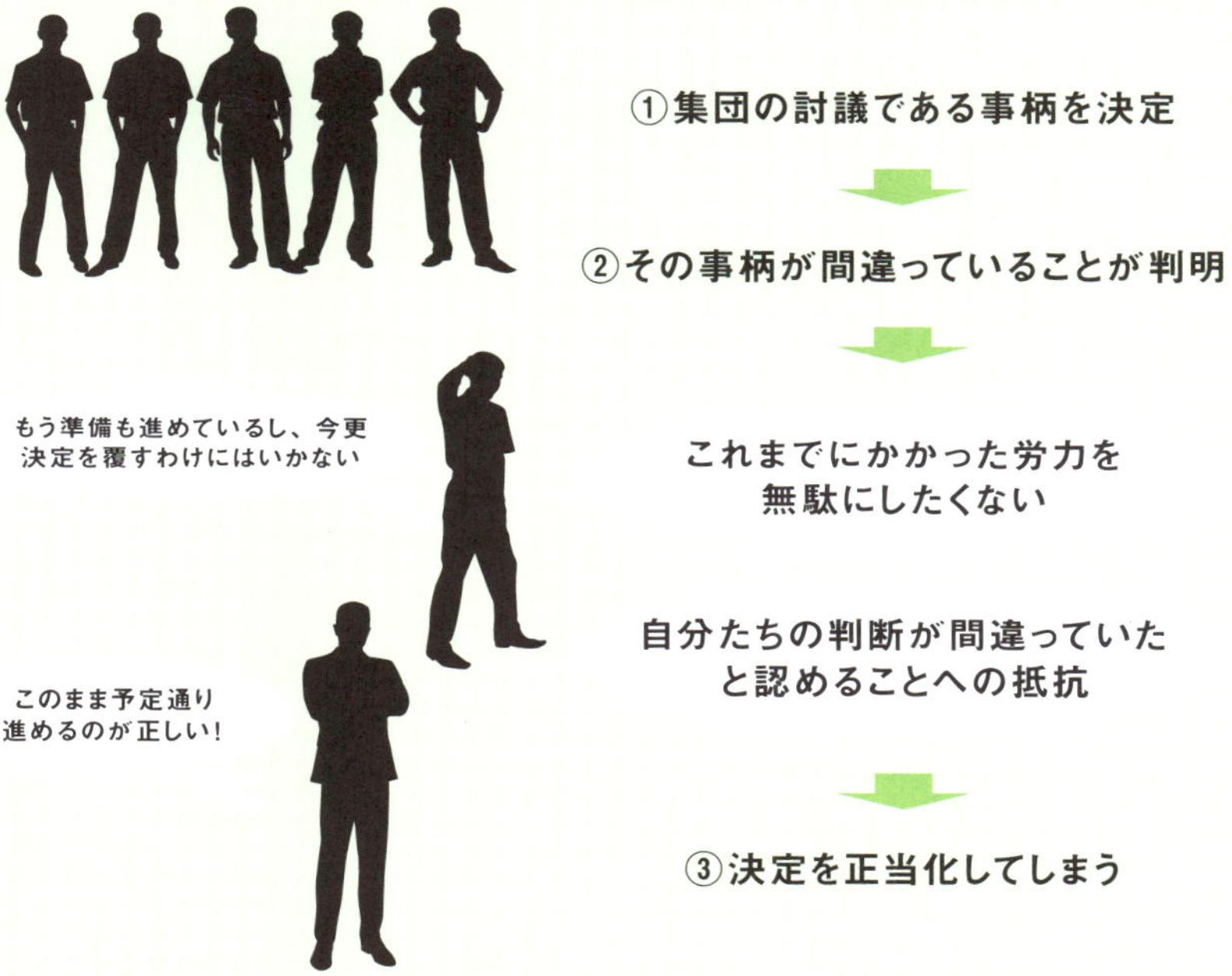
①集団の討議である事柄を決定
②その事柄が間違っていることが判明
もう準備も進めているし、今更
決定を覆すわけにはいかない
これまでにかかった労力を
無駄にしたくない
自分たちの判断が間違っていた
と認めることへの抵抗
このまま予定通り
進めるのが正しい!
③決定を正当化してしまう

悪魔の擁護者

討論テクニックのひとつで、決められたメンバーのひとりが、多数派に対してあえて反対意見を述べるというもの。集団の議論では多数派の同調圧力などで参加者が本音を言えなくなる場合があるが、ひとりが反対意見を述べることで、他の人も遠慮なく意見を言えるようになったり、この案で本当によいか再検討するきっかけが生まれたりするため、誤った意思決定を予防することができる。

A案で決定しよう
賛成!
待って!
A案には●●と
いうリスクもあるわ
A案で本当に
大丈夫かな?
悪魔の擁護者

集団での意思決定は真に優れたものになるか？

正解者がいても間違った答えを出してしまうのはなぜか

私たちはひとりがすべてを決定する独裁よりも、グループで話し合いを行う民主的な決定のほうが好ましいと考えています。**一般的に集団は個人よりも優れた判断ができると思われがちですが、実は必ずしも集団は個人に勝《まさ》るとは限りません。**

たとえば、5人グループに課題を解いてもらう実験では、グループの中に正解者が1人でもいれば、集団による協議の答えも必ず正解にたどりつけそうですが、実際は正解者が1人の場合は27％、2人の場合は8％、3人の場合は4％の確率で間違った答えを導き出し、4人いて初めてグループとしても100％の正解率にたどりつきました。

このように正解者がいるにも関わらず、グループとして間違った回答を出してしまうのはなぜでしょうか。その理由としては**「プロセス・ロス」**の問題が指摘されています。**プロセス・ロスとは、集団による話し合いの過程において、メンバーが本来持っている素質が十分に生かされず損失が生じること**を指します。

たとえば、グループでの話し合いでは、いいアイデアを思いついても、それをよいタイミングで発言できないといったことがしばしば起きます。これによって思考が停止しやすくなり、せっかくのアイデアも生かされにくくなるわけです。

また、「他の人に任せておけばいいか」といった手抜きも起きやすくなります。こうした問題が存在することで、本来その集団が持つ能力が十分に生かされず、「正解者がいるのに間違った答えを出してしまう」といったことが起こるのです。

キーワード **プロセス・ロス**

プロセス・ロスが起こる原因

●プロセス・ロス

自分が考えなくても
いいか…

メンバーが本来持っている素質が十分に生かされない現象。これが起きる要因としては、右のふたつが指摘されている。

●発言のブロッキング

自分が発言
できる番は
まだかな

なにか意見やアイデアがあっても、他の人の発言中は発言できないため、思考が停止しやすくなる。

●フリーライダー効果

他の人に
まかせとけば
いいか

他人をあてにして、その成果だけにタダ乗りする行為。自分は考えることを放棄し、人の意見に乗っかろうとする。

投票のパラドックス

話し合いは、全員の意見を反映した民主的な判断ができると考えられがちだが、実は合議の進め方次第では結果を操作できる。右は「投票のパラドックス」という有名な命題で、A・B・Cの3つの案から投票でひとつを決定する場合、投票の順番次第で結果が変化することを明らかにしている。（以下では、議席数がほぼ等しい3つの政党からなる議会で、多数決投票が行われるケースを想定）

政党	投票者の選好順序（案）
A党	A>B>C
B党	B>C>A
C党	C>A>B

議長がA案を勝たせたい場合

最初にB案とC案で投票
A党＝B案に投票
B党＝B案に投票
C党＝C案に投票
⇒B案が勝利

次にA案とB案で決戦投票
A党＝A案に投票
B党＝B案に投票
C党＝A案に投票
⇒A案に決定する

議長がB案を勝たせたい場合

最初にA案とC案で投票
A党＝A案に投票
B党＝C案に投票
C党＝C案に投票
⇒C案が勝利

次にB案とC案で決戦投票
A党＝B案に投票
B党＝B案に投票
C党＝C案に投票
⇒B案に決定する

集団同士の対立は どのように起きる？

自分の所属する集団への仲間意識、または外集団への強い敵対感情によって対立が起こる

キーワード **泥棒洞窟実験、集団間葛藤**

味方のチームに声援を送り、相手チームには野次を飛ばす。スポーツマンシップを無視した行為ですが、スポーツの現場でたびたび見られる光景です。**人は自分が属するチーム（内集団）には思いやりを持ち、他人が属するチーム（外集団）には敵がい心を抱きます。こうした集団間の対立を「集団間葛藤」と呼びます。**シェリフらは、集団間葛藤を解消する方法を探すために3つの段階で構成された**「泥棒洞窟実験」**を行いました。

第1段階では、11歳から12歳の少年を22名集めて2つの集団にわけ、互いの集団の存在を知らせずに泥棒洞窟というキャンプ場に連れて行きました。最初の1週間ほどは、それぞれハイキングなどを通して、仲間意識を高めさせ、内集団を形成させました。そして、1週間が過ぎようとした頃になって、互いの集団に「近くのキャンプ場にもう1つの集団が来ている。来週はその集団とスポーツで戦う」と知らせました。少年たちは、まだ見ぬ外集団への敵がい心を燃やすようになり、より仲間意識を深めていったのです。

第2段階で、顔を合わせたふたつの集団を、賞品のかかった野球や綱引きで戦わせて、集団間葛藤を生じさせました。また、それぞれの集団では、仲間同士の団結や凝集性が高まり、相手（外集団）に勝つための組織の再編成が行われました。

この段階で集団間の人間関係を調べるために友人調査が行われましたが、ほとんどの少年が、内集団の仲間を友人と答えました。つまり、**集団間葛藤が生じている場合は、仲間への連帯意識、相手集団への敵対意識がより強化されることが判明した**のです。

泥棒洞窟実験

第1段階　共同生活を通して仲間意識を高める

少年たちの共同生活がスタート

2つの集団にわけられた少年たちは、泥棒洞窟という名のキャンプ地へ。そこで3週間にわたって共同生活を送る。なお、最初は自分たち以外の集団の存在は伏せられている。

高まる仲間意識

少年たちは、ハイキングなどを通して、次第に仲間意識を高めていき、内集団(自分が所属する集団)が形成される。

もう1つの集団の存在を知らせる

1週間が過ぎようとした頃になって、近くのキャンプ場にもう1つの集団が来ていることを知らせる。少年たちは、まだ見ぬ外集団(自分が属さない集団)への敵がい心を燃やすようになり、より仲間意識が高まる。

第2段階　集団同士を対立させ、集団間葛藤を発生させる

勝敗のある競技で2つの集団を戦わせる

互いに顔を合わせた2つの集団は、賞品のかけられた野球や綱引きといった対抗競技に挑戦。互いに相手に勝ちたい、または負けたくないという「集団間葛藤」が生じた。

対抗競技によって集団間の敵がい心が高まる

相手(外集団)を倒したいという気持ちがさらに強くなり、相手を倒すための組織の再編成が行われた。この段階の最後に実施された友人調査では、ほとんどの少年が内集団の仲間を友人と答えた。

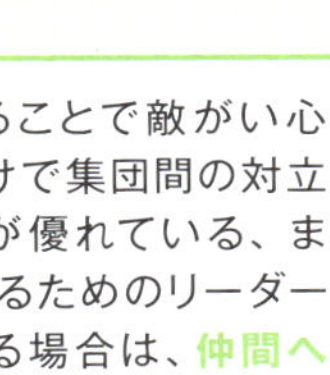

仲間意識を持つことで形成された内集団は、外集団の存在を知ることで敵がい心を燃やす。「われわれ意識」が強化され、競技や競争などがきっかけで集団間の対立**「集団間葛藤」**が生じる。そして、相手集団よりも自分たちの集団が優れている、または相手を打ち負かしたいという気持ちが強くなり、それを達成するためのリーダーが選ばれる。また、友人調査の結果から、集団間葛藤が生じている場合は、**仲間への連帯意識、相手集団への敵対意識がより強化される**ことが判明した。

集団の対立は交流では解消しない

集団同士が協力しないと解決できない上位目標を与えることで対立は解消される

キーワード　泥棒洞窟実験、集団間葛藤

56ページの実験に続いて、第3段階では、第2段階で生じた「集団間葛藤」を解消するために、対立しているふたつの集団を集めて、食事会や映画鑑賞、花火といった交流会が催されました。同じ釜のご飯を食べ、映画を鑑賞し、花火で遊びながら楽しい時間を共有するだろうと当初は想像していましたが、**互いの集団に対する敵対意識があまりにも強くなりすぎたため、罵《ののし》り合いや残飯の投げ合いといった、大小さまざまな争いが勃発。**地獄のような交流会となってしまったのです。

交流だけでは、集団間葛藤を消せないと感じたシェリフらは、キャンプ場での生活に絶対的に必要な飲料水タンクの故障や、食料供給トラックがぬかるみで立ち往生するといった、個々の集団では解決できない「上位目標」を課しました。この狙いは成功し、互いに敵対意識を強く持っていたふたつの集団が、協力し合って飲料水タンクの修理や、ぬかるみにハマった食料供給トラックの救出を行いました。上位目標の達成後は、罵り合いや小競り合いなどが減少し、交流する機会が圧倒的に増えていったのです。

再び行われた友人調査では、外集団のメンバーを友人と思う割合が30％以上に増加し、集団間葛藤導入直後に抱いていた、外集団への敵対感情が低減されたことがわかりました。

シェリフらが行った**「泥棒洞窟実験」によって、集団間で生じた対立（集団間葛藤）を解消するためには、交流など、集団同士の単なる接触ではなく、各集団が協力し合わなければ解決できない「上位目標」を与えることが効果的**であると証明されたのです。

泥棒洞窟実験

第3段階 さまざまな方法で集団間葛藤の解消を目指す

交流会を催すが、大失敗

対立している2つの集団を集め、食事会や映画鑑賞といった交流会が行われた。しかし、互いの集団に対する敵対意識が強いせいで罵り合いや残飯の投げ合いといった問題が発生。集団間葛藤はより深刻化してしまった。

1つの集団では解決できない上位目標を課す

キャンプ生活に必要な飲料水タンクの故障や食料供給トラックがぬかるみにハマって動けないなど、個々の集団だけでは解決できないような上位目標を与えた。

上位目標によって対立していた集団が一致団結

2つの集団は協力し合って、飲料水タンクの修理や、ぬかるみにハマったトラックを救出した。上位目標の達成のために力を合わせたことがきっかけで集団間の争いは弱まった。そして、再び行われた友人調査では、外集団のメンバーを友人として選ぶ割合が30%前後に増加した。

●泥棒洞窟実験中に行われた友人調査の結果（Sherif&Sherif,1969より）

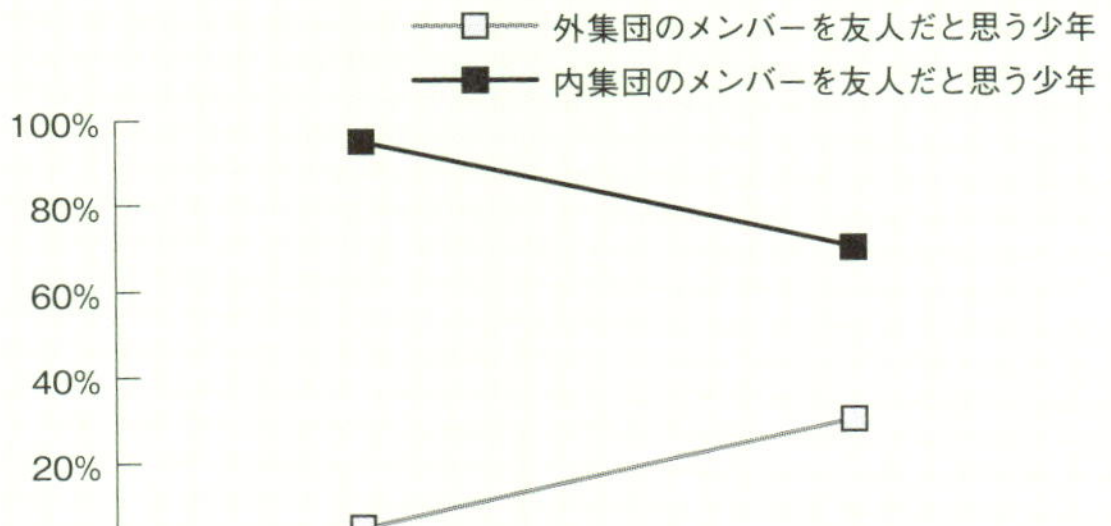

集団間葛藤導入直後の調査では、外集団のメンバーを友人と思う割合は10%にも満たなかったが、上位目標導入後の調査では、外集団のメンバーを友人と思う割合が30%以上に増加。外集団への敵対感情が低減された。

「泥棒洞窟実験」によって、賞品がかかった競争などが引き金となり、集団間葛藤が生じることが判明した。そして、集団間葛藤を解消するには、単なる集団同士の接触ではなく、**各集団が協力し合わなければ解決できない「上位目標」を与えることが効果的である**と証明された。

人は損をしてでも集団の優位性を保つ

キーワード
内集団びいき

優位性を確認することで自尊心を高める

私たちは、日常生活する中で、様々な集団に属しています。いずれの場合も、集団の中での立ち位置や、所属するまでの経緯などもあり、その関わり方は複雑です。ヨーロッパの心理学者であるヘンリ・タジフェルらは、それらのしがらみのない集団（最小条件集団）で、**内集団びいき**の現象が起きるかどうかの検証を行いました。まず、実験参加者に2枚の絵を見せ、「どちらが好きか」という基準だけでふたつのグループにわけます。参加者たちは匿名《とくめい》で、同じグループ内でも顔を合わせることはありません。そのため、「同じ集団である」ということ以外の情報は、一切入ってこないことになります。そのような状況で、自分と同じ集団の人1名と、違う集団の人1名にお金（ポイント）を分配する作業を行ってもらいました。その結果、**参加者たちは一貫して、内集団のメンバーのほうに多く配分した**のです。しかも、内集団の利益が最大になるようにではなく、内集団の取り分が少なくなっても、外集団との差異がより大きくなるほうを選んでいました。

この結果には、**人がある集団の一員として自己定義をする「社会的アイデンティティ」（96ページ）が関連**しています。単に、内集団の取り分が多いということよりも、外集団より多く配分することにより、**内集団の優位性が確認できることが重要**なのです。こうすることで私たちは好ましい社会的アイデンティティを維持・高揚して自尊心を高めているといえるでしょう。

自分と同じ集団の人をひいきする「内集団びいき」、そして、その背景にある、外集団への差別はこうして発生するのです。

タジフェルの最小条件集団実験

実験方法

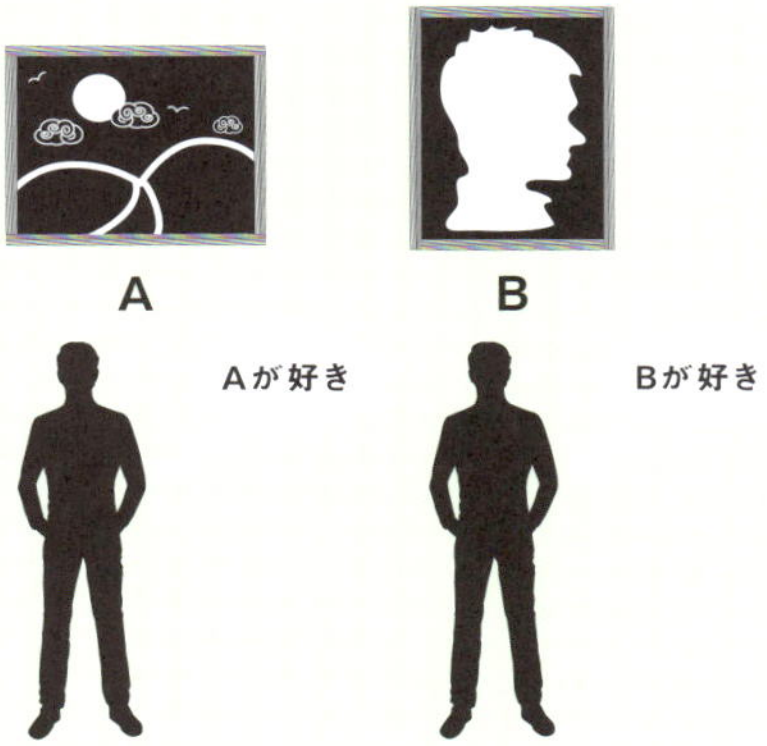

- 実験参加者に2枚の絵を見せ、好きな絵のほうのグループに入ってもらう
- 参加者たちは匿名
- 同じグループでも顔を合わせることはない
- 自分と同じグループ（内集団）の人1人と、違うグループ（外集団）の人1人にお金（ポイント）を分配する場合、どのように配分するかを選んでもらう

実験結果

[1] 15ポイントを2人が分ける場合

外集団びいき方略 ←――――→ 内集団びいき方略

内集団の受取人	1	2	3	4	5	6	7	8	9	10	11	12	13	14
外集団の受取人	14	13	12	11	10	9	8	7	6	5	4	3	2	1

[2] 26ポイントを中心として差異を広げていく場合

最大差異方略 ←――――→ 最大内集団利益、最大共同利益方略

内集団の受取人	7	8	9	10	11	12	13	14	15	16	17	18	19
外集団の受取人	1	3	5	7	9	11	13	15	17	19	21	23	25

（Tajfel,H.,et al.,1971 より）

内集団と外集団から選んだ、それぞれ1人（受取人）に、お金（ポイント）をどのように分配するかを表したもの。実験の結果、[1]では、12P-3Pのあたりが、[2]では、9P-5Pのあたりが多く見られた。つまり、**内集団の取り分が少なくなっても、外集団との差異が大きくなるものが選ばれた**のである。

少数派が多数派の考えを変えるには？

キーワード　少数者影響過程

多数派の意見が常に通るとは限らない

集団ができると、そこには必ず多数派と少数派が生まれます。多くの場合、多数派の意見が優先されますが、**少数派の声が多数派に影響を与えることもあります。これを少数者影響過程といいます。**

モスコヴィッチらによる、ブルー／グリーン・パラダイム実験は、少数派の影響について調べたものです。実験では複数回、6人のグループに36枚のスライドを見せ、色を判定させます。スライドは、すべて「青」と判断される色でしたが、6人のうち2名はサクラで、わざとすべてを「緑」と回答したのです。また、この実験では比較のために、全体の2／3にあたる24枚のスライドのみを緑と回答するパターンも調査しています。

サクラがすべてを緑と回答した場合は、4人の32％が少なくとも1回は「緑」と回答しました。一方、24枚のみを緑と答えた人のいるグループでは、サクラの影響は認められませんでした。これは、少数派の意見が一貫性を持っていなければ、多数派に影響を与えることはできないということを表しています。

実際の社会の中で少数派の意見を通すには、他にどんな点がポイントになるのでしょうか。まず、問題となる争点以外は、**多数派との共通点が多いことが挙げられます。これにより、多数派が少数派を仲間と考え、その上で意見を受け入れるという形になるからです。**

さらに、多数派の集団が革新を求めているときは、新しい発想のもとになる少数派の意見を受け入れやすくなるともいわれます。長い目で見れば、多数派と意見の違う少数派がいる集団のほうが、メンバーたちが新しく、正しい判断をくだす割合が高くなるのです。

モスコヴィッチのブルー/グリーン・パラダイム実験

実験方法

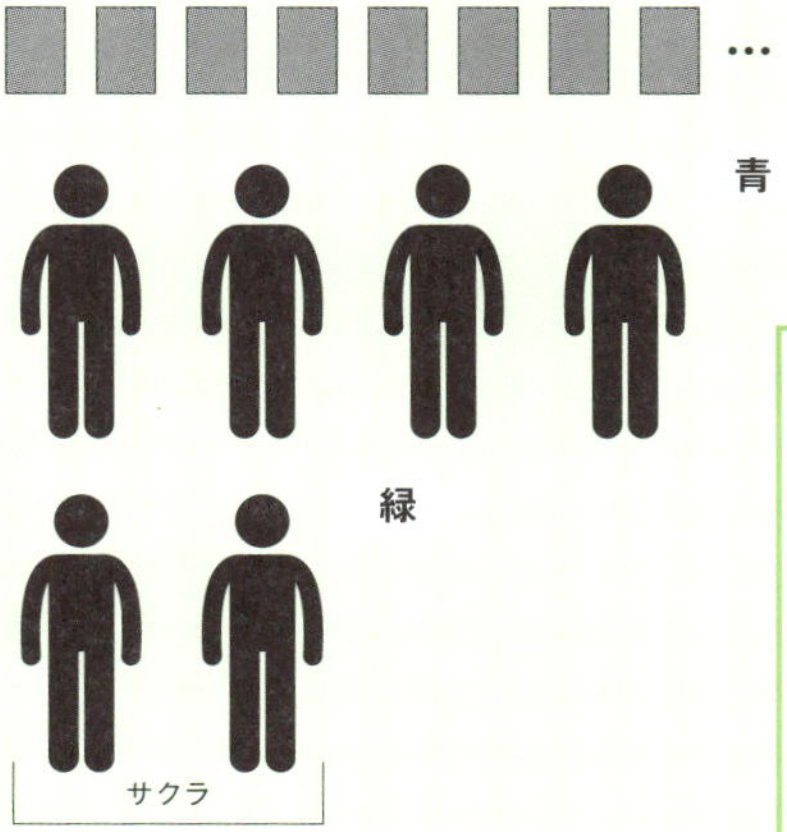

・6人のグループに、36枚の明るさの異なるスライド（すべて青色）を見せ、色をたずねる

・2名サクラが混じっており、彼らは「緑」と答える

実験の結果、サクラの2名が、すべてのスライドに対し「緑」と言い続けた場合、他の4人の32%が、少なくとも1回は「緑」と回答した。これに対し、サクラが2/3にあたる24枚のスライドにだけ「緑」と回答した場合は、他の4人にサクラの影響は認められなかった。**少数派の意見を通すには、一貫性が重要**なのである。

多数派と少数派の違い

●多数派

・現状維持、保守的
・集団をコントロールしやすい
・表面的な同調を起こしやすい

●少数派

・変わり者、革新的
・変革には、多数派との共通点も必要
・集団に内的な態度変化をもたらす

一般的に、多数派は**周囲に同調した安定的な意見を持つ**のに対し、少数派は**革新的な考えを持つ**とされている。少数派の意見を多数派が受け入れるためには、主張する意見以外の日常生活で多数派と共通点があるなど、**仲間意識を感じさせることも重要**となる。

集団的浅慮に陥らないためには

50ページでは、組織が誤った意思決定をくだす原因として、「集団的浅慮」があることを紹介しました。この集団的浅慮の提唱者であるアメリカの心理学者ジャニスは、組織がこうした状態に陥《おちい》らないための対策について、次の6つをあげています。

～集団的浅慮に陥らないための対策～

1. **リーダーはメンバー個々に批判的な目を持つ役割を割り振る**
2. **リーダーは最初は自分の意見や予測を言わないようにする**
3. **各メンバーはグループの意見について信頼できる外部の人の意見を求めるようにする**
4. **外部の専門家をグループの議論に加える**
5. **最低1名のメンバーが「常に反対する」役割を担う**
6. **リーダーは外部からの警告を検討する時間を確保する**

とくに集団での意思決定の過程では、多数派の同調圧力によって、反対意見を言い出せない空気がつくられることがあります。誤った意思決定を避けるためにも、自由に意見を言える空気づくりが大切になってくるのです。

第3章

職場における心理学

他者の存在は作業にどう影響する？

キーワード **社会的促進、社会的抑制**

個人の習熟度によって作業効率が変化する

周囲に自分以外の人がいることで、やる気が出て作業効率が高まるというケースがあります。他者の存在によって作業量が変化するという現象に着目したトリプレットは、糸巻き実験を行いました。

この実験は、釣り糸を巻くリールを改造し、糸巻き機を作成、それを使って一定の長さの糸を巻く作業を行う場合、ひとりで巻くのとふたりで巻くのとでは作業スピードがどれだけ変化するのかを比較しました。結果は、**ひとりで巻くよりもふたりで巻いたほうがスピードが速くなることが判明。F・H・オルポートは、こうした現象を「社会的促進」と名付けました。**

しかし、必ずしも他者の存在が良い結果を生むとは限りません。たとえば、会社でプレゼンを行う際、他者がいることで緊張してしまい、うまくプレゼンができなかったことはありませんか？　このように他者の存在によって**作業の質や量が低下する現象を「社会的抑制」と呼びます。**なぜ、社会的促進と社会的抑制が起きるのでしょうか？　ザイアンスは、それらをわける鍵は、個人の習熟度にあると考えました。

物事に対して慣れているかどうかで社会的促進と社会的抑制のいずれかが起きるというわけです。先ほどのプレゼンを例に考えると、プレゼンに慣れているAさんは、他者がいるとむしろ張り切って自分の企画を提案できますが、プレゼンに慣れていないBさんは、他者の存在が気になって緊張してしまい、自分の企画をうまく提案できません。Bさんのような社会的抑制を避け、促進効果を得るためには、その物事に対して経験を積むか知識を高めることが必要となるわけです。

トリプレットの糸巻き実験

トリプレットは、釣り竿についているリールを改造した糸巻きを2台用意。この装置を使って、ひとりで糸を巻くときとふたりで並んで糸を巻いたときの巻き取り時間を計測した。実験の結果、ひとりで作業をするよりもふたりで作業を行ったほうが、糸巻き速度が上昇し、作業効率が増した。

●ひとりで糸巻きを行った場合

うーん、作業がはかどらないなぁ……

●ふたりで並んで糸巻きを行った場合

なんだか作業がはかどるなぁ♪

ひとりで糸巻きを行うよりも、ふたりで並んで行ったほうが、糸巻きの速度が上昇した！　このように他者の存在によって能率が上がることを「社会的促進」という。

個人の習熟度が低いときには社会的抑制が起きる

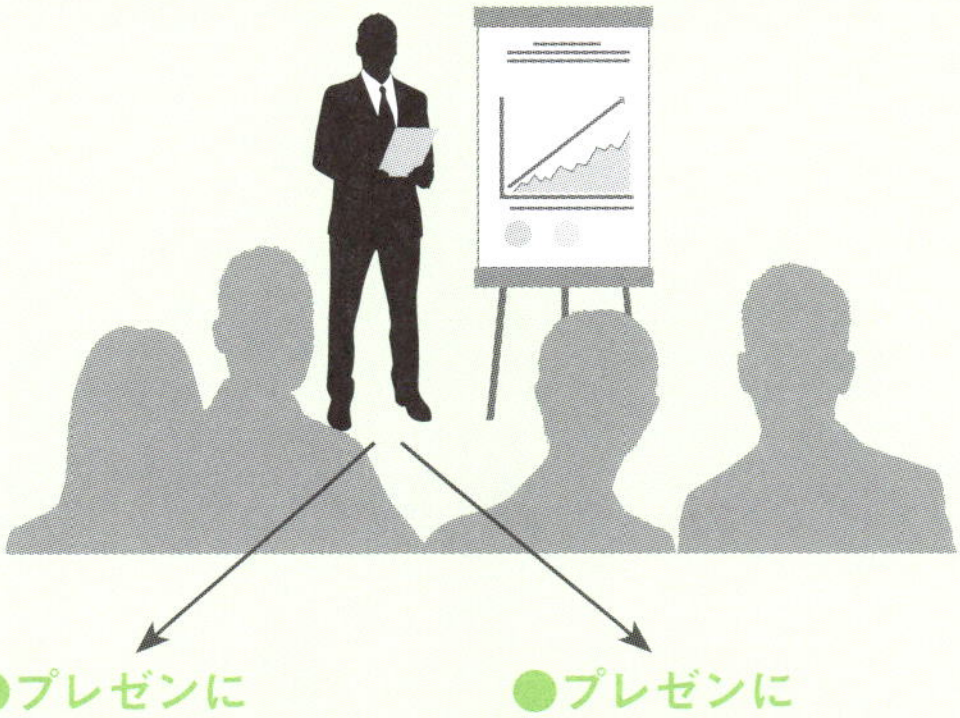

Aさんはプレゼンに慣れており、人前でも臆せずに企画を提案できた。対してBさんはプレゼンに慣れていないため、人前で緊張してしまい、自分の企画をうまく伝えられなかった。個人の習熟度(慣れているかどうか)によって社会的抑制が起こるケースは多い。

●プレゼンに慣れているAさん

うまくプレゼンできたぞ！

●プレゼンに慣れていないBさん

うまくプレゼンできなかった……

他者の存在により必ずしも社会的促進が起こるわけではない。Bさんのように、他者の存在によって能率が下がることを「社会的抑制」という。

他者の結果によって行動は変化する

キーワード **代理強化**

他者の行動の結果を見たことで学習することも

22ページで解説した、空気入りのビニール人形を使ったバンデューラらのモデリング実験によって、人は攻撃的モデルを観察学習（他者の行動を見聞きして学習すること）した場合、攻撃行動をとりやすいということが判明しました。

さらに、バンデューラらは、モデリング実験に加え、モデルが攻撃を行った結果、報酬や罰を受ける様子を子どもたちに見せ、子どもたちがどのような影響を受けるのかという代理強化実験も行いました。**「代理強化」とは、観察学習時に他者の行動結果に対して、報酬や罰が発生した場合、観察者の行動が促進または抑制されるという現象のこと**です。

この実験では、３歳から５歳までの男女の子どもが参加し、ＡからＤの４つのグループにわけられました。Ａにはモデルが攻撃した結果報酬を得る映像、Ｂにはモデルが攻撃した結果返り討ちにあう映像、Ｃには２人の大人が仲良く遊ぶ映像、Ｄにはなんの映像も見せませんでした。その後、子どもたちをさまざまなおもちゃがある遊戯室に連れて行き、行動を記録しました。

非攻撃的モデルを見たＣやなにも見なかったＤの子どもと比べると、攻撃によって報酬を得たモデルを見たＡの子どもは、攻撃行動が多いと判明しました。対して、攻撃によって罰を受けたモデルを見たＢの子どもは、攻撃行動がやや少ないという結果となりました。

つまり、人は**攻撃的モデルを観察学習することで、攻撃行動をとりやすくなりますが、攻撃の結果、対象がなんらかの怪我や罪といった罰を被《こうむ》る場合は、攻撃行動を控える可能性が高くなる**というわけです。

バンデューラらの攻撃行動の代理強化実験

代理強化実験では、3歳から5歳までの男女の子どもを、AからDの4つのグループにわけ、グループごとに攻撃的モデルまたは非攻撃的モデルの映像を見せる。その後、子どもたちをおもちゃがある部屋に移し、モデルの攻撃行動を模倣するのかを観察した。

グループA 大人が相手を攻撃した結果、報酬を得る映像

グループB 大人が相手を攻撃し返り討ちにあう映像

グループC 2人の大人が仲良く遊ぶ映像

グループD 映像を見せない

検証結果

攻撃して報酬を得たモデルを見たAの子どもは、他のモデルを見た子どもよりも攻撃行動が多く、逆に返り討ちにあうモデルを見たBの子どもは攻撃行動がやや少なかった。

●モデルへの賞罰と攻撃行動（Bandura et al.,1963bより）

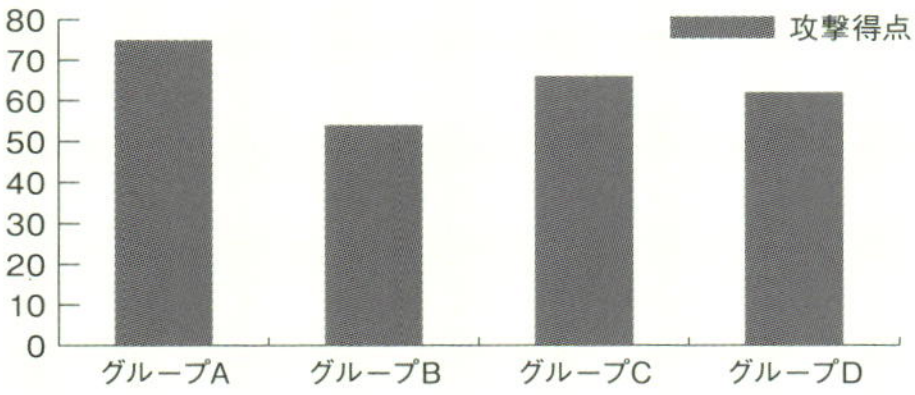

攻撃側が返り討ちにあう映像を見たグループは**攻撃行動がやや少なかった**。このように他者の行動の結果によって、対象の行動が促進または抑制されるという現象を**「代理強化」**という。

人は自分の行動に一貫性を持ちたがる

キーワード　**フット・イン・ザ・ドア・テクニック、一貫性欲求**

段階的に要求を受け入れると、一貫性を持ちたいという心理が働く

訪問販売員に「話だけでも聞いてもらえませんか?」と言われ、断るつもりでしぶしぶ話を聞いていたらいつの間にか商品を購入していた、という経験はありませんか?　このように**相手が承諾しやすい小さな要求から段階的に要求を大きくし本来の要求を成功させる技術を「フット・イン・ザ・ドア・テクニック」と言います。**この技術を調べるためにフリードマンとフレージャーは戸別訪問による実験を行いました。

実験者たちは、「交通安全の市民会」と称して住宅街を訪問し、「安全運転をしましょう」と書かれた看板を玄関先の庭に設置させて欲しいと頼みました。ふつうに看板設置を要請した場合の承諾率は16・7%でしたが、2週間前に小さな要請を承諾した家の場合は、なんと承諾率が最大で約76%まで上昇したのです。

2週間前に行った要請は全部で4パターンあり、看板設置のときとは別の団体として訪問しました。

ひとつ目は「安全運転」と書かれた10センチ角のステッカーを車や窓に貼ってもらうという要請。ふたつ目は地域美化のステッカーを貼ってもらうという要請。3つ目は交通安全の立法化を求める嘆願書への署名。4つ目は地域美化の立法化を求める嘆願書への署名。これらの小さな要請を事前に行ったことで、ひとつ目の要請後の看板設置承諾率は約76%、それ以外の要請後の看板設置率は約47%でした。被験者は、**小さな要請を承諾したことで「自分がいいと感じた要請は受け入れるべき」という一貫性を持ちたいと思う心理が働き、看板設置の承諾率が上がった**のです。こういった一貫性を持ちたいと思う心理のことを**「一貫性欲求」**といいます。

フット・イン・ザ・ドア実験

「交通安全の市民会」の会員と名乗って、カリフォルニアにある住宅街を訪問。「安全運転をしましょう」と書かれた看板を玄関先の庭に設置させて欲しいと依頼した。また、この実験を行う2週間前に別の団体を名乗って、ステッカーの貼りつけや嘆願書への署名といった小さな要請を行った。

この看板を設置させてください

大きな要請

うーん
どうしようかな……

ふつうに看板設置を要請

ステッカーの貼りつけや嘆願書への署名といった要請がない場合は、多くの被験者が看板設置を断った。

看板の設置承諾率
16.7%

事前にステッカーの貼りつけを要請

交通安全ステッカーの貼りつけを承諾した人の多くが、看板の設置にも同意。類似性が強いと承諾率も上昇した。

看板の設置承諾率
安全運転ステッカーを承諾した場合
76.0%

看板の設置承諾率
地域美化ステッカーを承諾した場合
47.6%

事前に嘆願書への署名を要請

署名後の看板承諾率は、内容に関係なく、約47%となった。地域美化ステッカーの貼りつけとほぼ同じ結果に。

看板の設置承諾率
安全運転の署名を承諾した場合
47.8%

看板の設置承諾率
地域美化の署名を承諾した場合
47.4%

（Freedman & Fraser,1966 より）

小さな要請を承諾したことで、「自分がいいと思った他人のお願いは受け入れるべきだ」という物事に対する一貫性欲求が生まれ、看板設置を受け入れやすくなったと考えられる。

設置して
いいですよ！

ステッカーも
貼ってるから
看板も
設置しよう

一連の行動に一貫性を持ちたい心理を**「一貫性欲求」**という。そして、実験のように事前に小さな要求を行い、本来の要求の成功率を高めることを**「フット・イン・ザ・ドア・テクニック」**と呼ぶ。

他人からの評価で意見や行動が変わる

キーワード　**オペラント条件づけ**

肯定または否定で人の言動は変化する

　わたしたちはさまざまな場面で他者からなんらかの評価を受けています。その代表的な例が、肯定と否定です。自分が持つ意見（考え）に対して「そう思う」または「そう思わない」という評価を受けることで、自分の態度に変化が生じます。**肯定された場合は、自分の意見に確信を持ち、以降もその意見を持ち続ける傾向が強くなります。**否定された場合は、自分の意見に自信がなくなり、以降は別の意見を持つ傾向が強くなります。こういった**態度の変化には「オペラント条件づけ」と呼ばれる心理プロセスが働いています。**

　オペラント条件づけは、肯定や否定だけではなく、褒《ほ》められるなどの「報酬」を得た場合や、叱られるなどの「罰」を与えられた場合にも発生します。

　たとえば、上司に仕事を褒められると、そのことに対してより積極的になり、その人のやる気を引き出してさらなる生産性の向上が見込めます。逆に仕事に失敗して上司から叱られるなどの罰を与えられると、態度を改めるようになります。すると人は「叱られないためにはどうすればいいのか」を考え、失敗しない方法や新たな考えを模索するようになります。その瞬間だけで考えたら叱ることで仕事の生産性は減少するかもしれませんが、ゆくゆくは、生産性の向上に繋《つな》がる可能性もあるのです。

　周囲の人々の「やる気を引き出したい」または「間違った軌道を修正したい」という場合は、オペラント条件づけによって起こる態度の変化も考慮しながら「飴《あめ》（報酬）と鞭《むち》（罰）」を与えましょう。それによって、その人の生産性を高められるかもしれません。

オペラント条件づけの例

この商品は売れると
思います！ あなたは
どう思いますか？

他者が自分の意見を肯定すると「やっぱり正しいんだ！」と思い、否定すると「正しくないのか……」と態度を変化させる。こうした態度の変化には「オペラント条件づけ」が働いている。

僕もそう
思います！

僕はそう
思いません

他人に認められたことで自身の意見や考えに自信を持ち、以降もそれらの意見や考えを持ち続ける傾向が強い。

他人に否定されたことで自身の意見や考えに自信がなくなり、以降は別の意見や考えを持つ傾向が強い。

報酬と罰による態度の変化

褒められるなどの報酬を得た場合や、叱られるなどの罰を与えられた場合にもオペラント条件づけが発生し、その人の態度が変化する。うまく使いわけることで、その人のやる気を引き出したり、新たな考え方にたどり着くチャンスを与えたりすることができる。

他人から報酬を得る

・認められる ・褒められるなど

態度は変化なし。そのことに対して積極的になる

他人から罰を与えられる

・否定される ・叱られるなど

態度を改め、新たな考えを模索するようになる

他人に肯定されると、以降も似たような場面で同じ行動をとる傾向が強くなる。逆に他人に否定されると、以降はその行動をとらない傾向が強くなる。こういった態度の変化には「**オペラント条件づけ**」と呼ばれる心理が働いている。

生産性を上げるカギは労働条件より人間関係

キーワード
ホーソン実験

従業員を取り巻く人間関係が仕事に影響を与える

当時主流だった、照明の照度や休憩時間などの物理的な労働条件が生産性に影響を与えるという考え方に基づいて、メイヨーらは1924年から8年間、アメリカの工場で**「ホーソン実験」**を行いました。照明実験では、照度を一定に保つ場合と段階的に明るくする場合とで生産性を比較。いずれも生産性が上昇し、照明を暗くしても上昇した生産性は維持されたのです。

5名の従業員を隔離して行った継電器組み立て作業実験では、作業部屋の温度や湿度、労働日数や休憩時間などを徐々に改善していった結果、生産性が向上。その後、以前の労働条件に戻す「改悪」を行いますが、生産性は上がり続けました。実は、実験の中で従業員に一定の心理状態で働いてもらうために面談を行い、要望を聞き入れて物理的な労働条件以外の条件を少しずつ変えていました。これにより従業員の間で被験者として特別な役割を果たしているという心理的な変化が生じ、物理的な労働条件の改悪があっても生産性を上げ続けたのです。このように**観察者によって被験者の行動が変化することを「ホーソン効果」**といいます。

2万人の従業員を対象にした面接実験では、従業員の来歴や職場の人間関係の満足度が、職場での労働意欲などに影響を与えていると判明。またバンク巻き取り観察実験では、14人の作業集団を観察した結果、社内の中で自然と生まれたインフォーマルな集団や規範のほうが、生産性に影響を与えるとわかりました。ホーソン実験によって、**生産性を向上させるには、物理的な労働条件よりも従業員を取り巻く人間関係が重要であることが明らかになった**のです。

ホーソン実験①

照明実験（1924年から27年）と継電器組み立て作業実験（1927年から29年）は、物理的な労働条件（照明の照度、部屋の温度、休憩時間など）が生産性に影響を与えることを証明するために行われた検証だった。しかし、いずれも物理的な労働条件の変化とは関係なく、生産性が向上するという結果に至ったのだ。

●継電器組み立て作業実験

5名の従業員を隔離して継電器組み立て作業に従事させ、その中で下記の労働条件を改善・改悪し、生産性にどのような変化が生じるかを検証した。

労働条件の変更内容

- **作業する部屋の温度や湿度**
- **労働日数・休憩の回数や時間**
- **休憩中の飲食物の提供** など

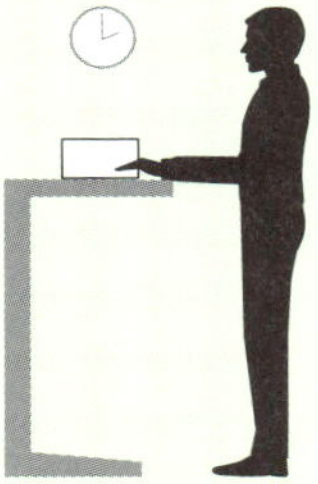

労働条件が変化しても生産性は向上した。さらに、好条件がすべて排除された後も**生産性は急落することなく上がり続けた。**

●照明実験

照明の明るさを一定に保つ、または段階的に明るくした場合の生産性を比較。また下記の条件で比較後、照明を暗くした状態での生産性も検証した。

■照明の明るさを一定に保つ
⇒生産性が向上
■照明を段階的に明るくする
⇒生産性が向上
さらに……
生産性向上後、照明を暗くする
⇒生産性を維持

ホーソン実験②

メイヨーらは、先の実験の結果から、生産性に影響を与えるのは物理的な労働条件ではなく、従業員を取り巻く人間関係や、1人ひとりの感情が大きく関係しているという仮説を立て、面接実験（1928年から30年）と、バンク巻き取り観察実験（1931年から32年）に臨んだ。

●バンク巻き取り観察実験

14人の作業員が1つのグループになって、電話交換機の配電盤の組み立て作業を行う。集団内での人間関係の構築や、組織が形成され、個人にどのような影響を与えるかを観察した。

フォーマルな集団や規範
上司と部下の関係 など

インフォーマルな集団や規範
仲間で形成されたコミュニティ など

社内のフォーマルな集団や規範よりも、**社内で自然と生まれたインフォーマルな集団や規範**のほうが、従業員の生産性に影響を与えることが判明。

●面接実験

全体の従業員数の半分である約2万人の従業員と面接し、苦情や不平の聞き取りを行った。

職場での労働意欲などの感情は、**個々の過去の家庭及び社会生活の来歴**や、**職場の同僚や上司との人間関係が潤滑かどうか**などが関係していることが判明。

労働の生産性には、照明の明るさや部屋の温度、休憩時間といった物理的な労働条件が関係していると考えられていたが、「ホーソン実験」の結果、生産性は、**労働者を取り巻く人間関係によって左右される**ことが判明。なお、実験に参加した被験者が、観察者から期待されていると意識し、結果的に被験者の行動が変化することを**「ホーソン効果」**という。

報酬はやる気を損なう要因にもなる？

キーワード **アンダーマイニング現象**

報酬や罰がかえって好奇心を失わせる場合

「動機づけ」という言葉を知っていますか？ ある行動を引き起こすのに必要な心の働きのことで、最近では社員の生産性を高めるために仕事に対する動機づけを強め、成果をあげようとする企業が増えています。

動機づけには、**物事に対して面白さを感じて行動する「内発的動機づけ」と、報酬を得るまたは罰を回避するために行動する「外発的動機づけ」があります。**とくに内発的動機づけは、本人の興味や関心がないと働かないなど難点はあるものの、外的な要因に左右されずに行動が持続するので、ビジネスの場面でも非常に重要視されています。

ただし注意したいのが、内的に動機づけられている行動に対して外的な報酬を与えてしまう行為（過度の正当化）です。たとえそれが**魅力的でも内発的動機づけが失われ、その人のやる気を損《そこ》なう場合もあるのです。こうした現象を「アンダーマイニング現象」と呼びます。**

レッパーらはアンダーマイニング現象を調べるために実験を行いました。この実験では、絵を描くのが好きな子どもたちをAからCの3つのグループにわけ、Aには「上手な絵を描けたら賞状をあげる」と伝えて絵を描いた子に賞状を渡します。Bにはなにも伝えずに絵を描いた後に賞状を渡します。Cにはなにも伝えずに賞状を渡しませんでした。それから1週間後、自由時間に子どもたちが自主的に絵を描く時間を計測し各グループを比較しました。その結果、Aの子どもは、他のグループよりも絵を描く時間が大幅に短くなり、外的な報酬によって絵を描くのが好きという内発的動機づけが損なわれてしまったことがわかったのです。

内発的動機づけと外発的動機づけの例

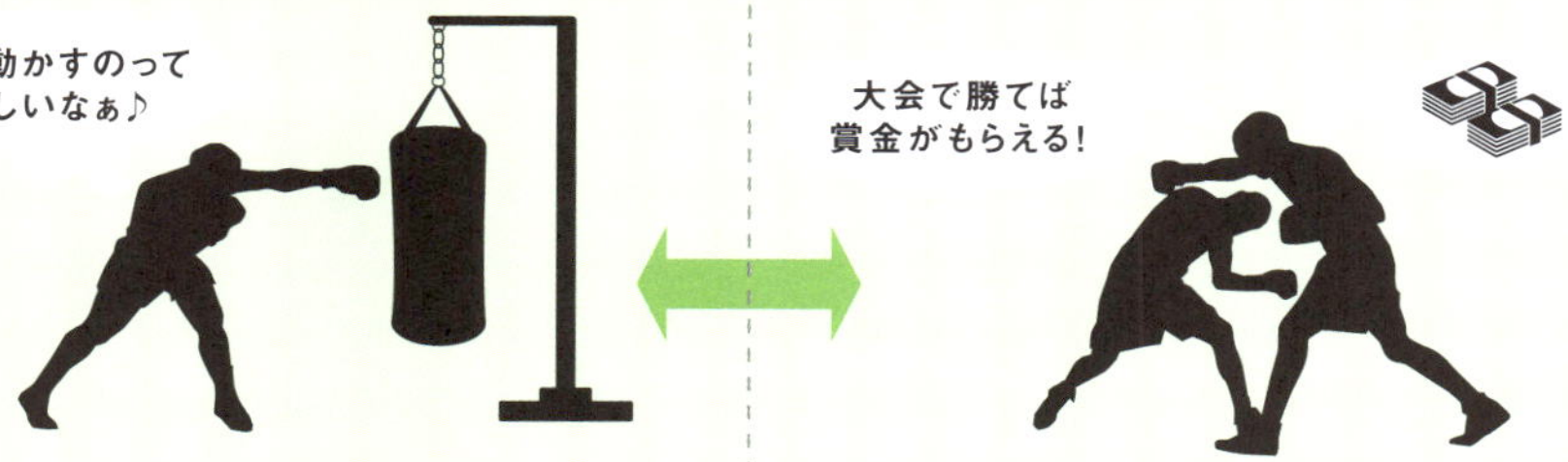
体を動かすのって
楽しいなぁ♪
大会で勝てば
賞金がもらえる!

内発的動機づけ

「運動していて気持ちがいい」など、好奇心や行動自体に面白さを感じて行動すること

外発的動機づけ

「優勝賞金のために練習をする」など、報酬を得るため、または罰を回避するために行動すること

報酬によるアンダーマイニング現象実験

絵を描くのが好きな子どもたちをAからCの3つのグループにわけ、絵を描くことで報酬がもらえる条件と絵を描いても報酬がもらえない条件で実験を行った。そして、自由時間に子どもたちが自主的に絵を描く時間の長さを比較。報酬の存在によって内発的動機づけが損なわれていないかを観察した。

絵を描くのが
好き♪

グループA

「上手な絵を描けたら賞状をあげるよ」と伝え、絵を描いた子に賞状を渡す

グループB

なにも伝えず、絵を描いた後に賞状を渡す

グループC

なにも伝えず、賞状も渡さない

もう賞状が
もらえないなら
頑張って絵を描く
必要はないかな……
グループAの子ども

実験結果

事前に報酬の存在を知らされていたグループAの子どもたちは、自主的に絵を描く時間が大幅に短縮。賞状（報酬）がもらえないことによって絵を描かなくなってしまったと考えられる。

「絵を描くのが好き」という内発的動機づけが、**賞状という外発的動機づけに変わってしまった**

グループAの子どものように、**報酬や罰を与えられたことで、本来感じていた好奇心や面白さを失い、やる気を損なってしまう**現象を**「アンダーマイニング現象」**と呼ぶ。

根拠のない予言が なぜ実現するのか？

予言はそれを信じた人々の行動によって、現実となる

「予言を実現する」と聞くとすごく難しいように感じますが、実はその仕組みを知ると、我々の生活でつねに起こっていることなのです。まずは予言が実現していく過程を見ていきましょう。

ある飲食店を潰《つぶ》したい男が、その店に関する根拠のない情報（例：「あの店は近く税務署の調査を受けるらしい」）を流します。それを聞いた人たちは店に行くのを控え、結果的に飲食店は経営難で倒産。「飲食店が潰れそうだ」という予言が現実のものとなったのです。このように**情報を信じた人々の行動によって予言や期待が現実になることを「予言の自己実現」といいます。**

ローゼンタールらは、こうした予言や期待を活用した教育実験を行っています。この実験では、ある小学校の1年生から6年生を対象に知能（ＩＱ）テストを行った後、テストの結果とは関係なく無作為に生徒を選出し、教師に「この生徒たちはＩＱが高かったので、今後成績が伸びます」と告げました。半年後に再び知能テストを行うと、知能が伸びると告げられた生徒たちの成績が実際に伸びたのです。

そのプロセスを解明するために、授業風景を観察してみると、教師がその生徒たちに対して、授業中に接する機会を多めに設け、好意的な態度をとっていたことがわかりました。「成長する」という期待が教育の場で大きな影響を与えていたのです。そして、丁寧な教育を受けた生徒たちは、教師の期待に応えて、成績を伸ばしました。**このように期待されている人が、その期待通りに物事を成功させることを「ピグマリオン効果」と呼びます。**

キーワード　予言の自己実現、ピグマリオン効果

予言の自己実現のプロセス

①誤った予言や期待を発言

きっとあの店は
悪いことをしている。
潰れるべきだ

あの店は近く
税務署の調査を
受けるらしい

「店を潰したい」という期待を抱き、「悪いことをしている店だから潰れる」という予言や、根拠のない発言をする。

②誤った予言や期待に反応

あの店には
行かないように
しよう……

流言を聞いた人々が、それを鵜呑《うの》みにしてしまい、誰も店に行かなくなる。

③予言が実現し、店が倒産

なぜ誰も来て
くれないの!?

本当は健全経営だった店が、流言によって倒産。①の発言者の予言や期待が現実のものとなり、**「予言の自己実現」**が成立する。

ピグマリオン効果実験

ローゼンタールらは、知能（IQ）テストを行い、その結果とは関係なく無作為に生徒を選んで、教師に「この生徒たちは知能が高いので、今後成績が伸びる」と伝えた。その半年後、再び知能テストを行い、教師に成績が伸びると伝えた生徒と、それ以外の生徒たちのIQ値を比較した。

先生が熱心に教えてくれる
から期待に応えなくちゃ

この子たちは将来成績が大きく
伸びるのか。楽しみだなぁ

対象の子どもたちが、将来成績が大きく伸びると聞かされた教師は、他の生徒よりも期待を込めて指導し、指導を受けている生徒は、その期待に応えようとする。

●1年生から6年生までのIQ値の上昇グラフ
（Rosenthal&Jacobson,1968より）

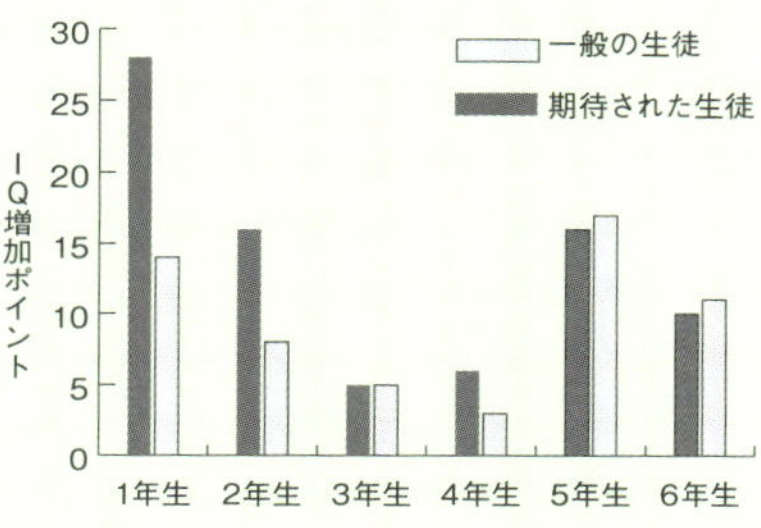

教師に期待されている生徒のIQ値が実際に上昇。さらに、低学年の生徒のほうがピグマリオン効果の影響を受けやすいことも判明した。

この教師と生徒のように、**期待された人が、その期待に応えて物事を成し遂げることを「ピグマリオン効果」という。**

人は無意識のうちに差別している？

キーワード
意図せざる結果

偏見が強化されていき、差別が起こる

人種差別や女性軽視など、今も昔も人は、大小さまざまな「差別」に苦しんでいます。ではなぜ、差別が起きてしまうのでしょうか？　そこには、**「意図せざる結果」という現象が深く関わっているのです。意図せざる結果とは、個人の行動が積み重なって想定外の大きな結果をもたらすという現象です。**我々の社会でたとえると生活を維持するために仕事をしていただけなのに、結果的に社会全体が潤うといった感じです。**「社会全体の利益を高める」という意識がなくても我々の行動がめぐりめぐってそのような結果を生んだ**のです。

差別も最初は「差別しよう」と思って始まったわけではありません。第一次世界大戦後の黒人排斥政策は、労働組合の「南部出身の黒人はスト破りをする」という偏見から始まりました。組合は自分たちを守るために黒人たちを排斥。黒人は正規の仕事に就けず、労働不足に陥った雇用者に採用され、スト破りをしてしまいます。その結果、組合は「黒人はスト破りをする人種」と判断し、黒人を差別するようになったのです。

就職における女性軽視も偏見が原因になることが多いです。企業側は長期間働いてくれる社員を得るために自社における過去の退職率を調べ、女性のほうが退職率が多いと知ります。すると企業利益を優先するために女性の採用先を総合職ではなく、一般職に集中させてしまい、女性軽視が起こるのです。この場合は、退職率というデータによって「女性は辞めやすい」という偏見が生まれ、採用先を絞られてしまいました。このように差別（軽視）は、偏見がさまざまな過程を踏み、強化されていくことで起こるのです。

意図せざる結果の例

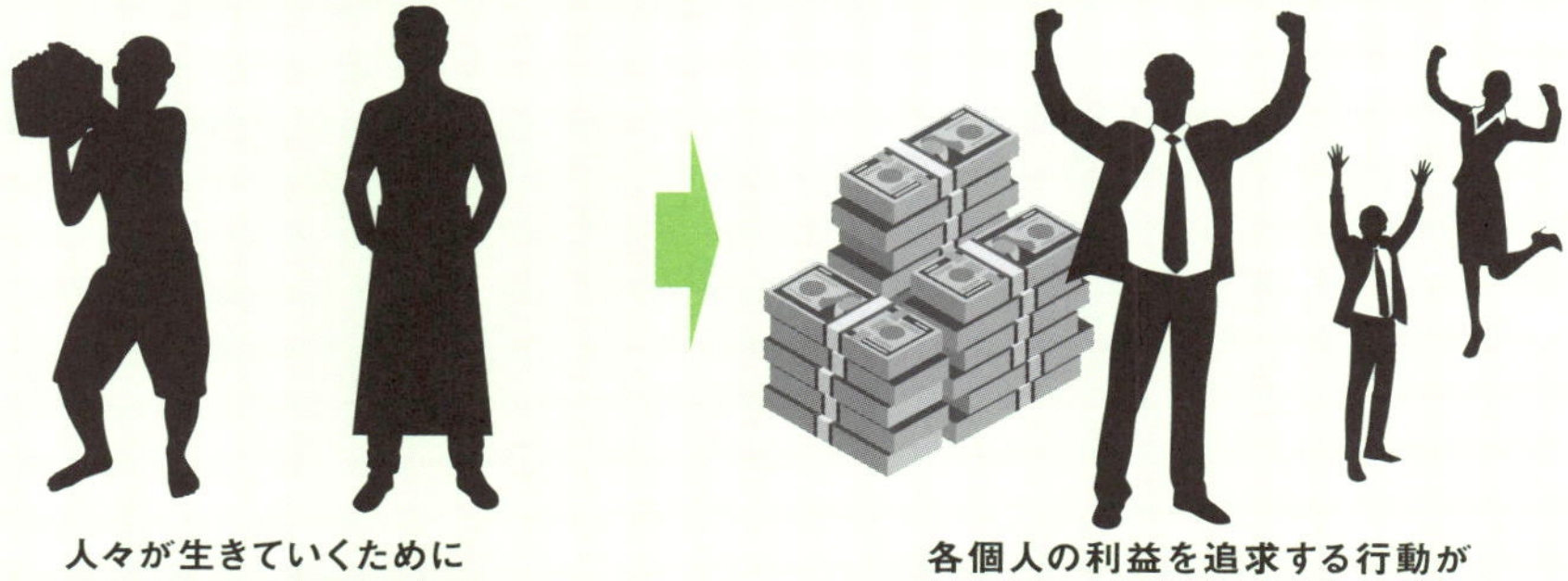

人々が生きていくために
商品の生産や販売を行う

各個人の利益を追求する行動が
積み重なって社会全体が潤う

各個人は、自身の生活を守るために仕事をこなしただけだが、結果的に社会全体の富が増大した。このように**行動した人々の想定外の結果が起こる現象を「意図せざる結果」と呼ぶ。**

なぜ意図しない差別が起こるのか

●第一次世界大戦後の黒人排斥政策の例

労働組合が「農業地帯の南部出身の黒人はスト破りをする」という偏見を持つ

↓

黒人たちが労働組合から排斥される

↓

労働組合経由の正規の仕事に就けない黒人がストによる労働力不足に悩む雇用者に非正規に採用され、スト破りとなってしまう

↓

労働組合が「やっぱり黒人はスト破りをするんだ。組合には絶対に入れない！」と黒人を差別する

労働組合の「黒人はスト破りをする」という偏見が、めぐりめぐって強化され、差別に発展してしまった

●就職における女性軽視の例

会社側は中途退社せずに長期間働いてくれる社員が欲しい

↓

面接や書類審査だけでは、中途退社するのか判断できないため、自社における過去の中途退社率を調べる

↓

男性と比べて女性の中途退社率が多いと判明

↓

企業利益を優先し、女性の採用先を総合職ではなく、一般職に集中させる

人事担当者が女性に対する偏見を持っていなくても結果的に女性軽視が起こってしまった

人が偏見を持ち、そこからさまざまなプロセスを踏むことで偏見は強化されていき、差別へと変わる。さらに、**偏見や差別の意識がなくとも利益の追求などによって、結果的に軽視のような差別行為が意図せずに起こることもある。**

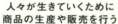

本当に優秀なリーダーとは？

集団の自己変革を生み出し、目標達成へと導くリーダーが優秀

キーワード　リーダーシップ、ＰＭ理論

組織や集団を率いるのに必要なリーダーシップには、いくつか種類が存在します。いずれも人々を統率するという面では変わりませんが、集団や組織に与える影響は、リーダーシップの種類によって大きく異なります。人の上に立つ人間になるためにもリーダーシップの種類を知り、自分がどのタイプに当てはまるかを確認するといいでしょう。

ひとつ目のタイプは「交流型リーダーシップ」です。**チーム内の人間関係に気を配りつつ、目標達成のために人々をまとめて導いていくという能力があります。**三隅二不二が提唱した**「ＰＭ理論」**によれば、リーダーシップのスタイルは、目標達成能力と統率能力の両方を持つ「ＰＭ型」、目標達成能力に特化した「Ｐｍ型」、統率能力に特化した「ｐＭ型」、目標達成能力も統率能力も持たない「ｐｍ型」に細分化できます。交流型は、このうち目標を達成させる力と集団をまとめる力の両方を有するＰＭ型に対応するといわれています。

ふたつ目は「変革型リーダーシップ」です。**つねに変化を続ける社会に対応し続けるために、将来の変化を的確に予測し、メンバーに変化を促すとともに長期的な目標を提示。**そして、それを達成するための手順を示し、自ら率先して集団や組織の変革を促すという能力です。個人だけではなく、全体が自己変革の能力を身につけられるため、非常に注目されています。

3つ目は「フルレンジ・リーダーシップ」です。これは、**交流型リーダーシップと変革型リーダーシップ、双方の能力を持つハイブリッドな存在**で、Ｂ・Ｊ・アヴォリオによって提唱されました。

3つのリーダーシップ

交流型リーダーシップ（transactional leadership）

チーム内の人間関係を重視しながら皆をまとめ上げ、目標達成へと導くリーダーシップ

仲間に対する
優しさや
思いやりを持ち

●交流型リーダーシップはPM型に対応する
（Misumi,1977,Sato&Hattori,1993より）

P行動（目標達成機能） 高い ↑ ／ 低い

P行動（目標達成機能）高い	**Pm型** 目標を達成させる力はあるが、集団をまとめる力が不足している	**PM型** 目標を達成させる力と、集団をまとめる力の両方を有している
P行動（目標達成機能）低い	**pm型** 目標を達成させる力と、集団をまとめる力の両方が不足している	**pM型** 集団をまとめる力はあるが、目標を達成させる力が不足している
	M行動(集団維持機能) 低い	M行動(集団維持機能) 高い

目標達成のために
時には厳しく
時には優しく！

変革型リーダーシップ（transformational leadership）

チームメンバーに変化を促して、長期的目標を提示。それを達成するための手順を示し、自ら率先して組織を変革していくリーダーシップ

フルレンジ・リーダーシップ（full-range leadership）

人間関係と目標達成の配慮能力が高い交流型リーダーシップと、チームの現在と将来の変化を予測し、それに対応できるように自己変革をチーム内に生み出す変革型リーダーシップを併せ持った存在

リーダーシップには、集団をまとめて目標達成に向かう**「交流型」**、集団内に自己変革を促し組織を変革する**「変革型」**、交流型と変革型を併せ持つ**「フルレンジ」**の3タイプが存在する。交流型は、**「PM理論」**におけるPM型に対応している。

第一印象ですべてが決まる?

ビジネスマンにとって第一印象はとても大切です。

初対面で「仕事ができそう」と思われるか、「仕事ができなそう」と思われるかで、その後のあなたの評価にも大きく影響する可能性があります。

その理由は、人は「相手はこういう人に違いない」という期待を抱くと、それ以降は無意識のうちにその期待を支持する情報にだけ注目してしまう傾向があるからです。

つまり、最初に「仕事ができそう」と思われていると、報告がマメであるとか、気遣いができるといったプラスの面が大きく注目され、「やっぱりアイツは仕事ができるな」というふうに評価されやすく、反対に「仕事ができなそう」と思われていると、時間にルーズだとか、字が汚ないといったマイナス面が注目されてしまい、「こいつは使えないな」という評価になりやすいというわけです。

これは恋愛においても同様で、あなたから見ると高飛車で自分勝手に思える女性でも、その女性を好きな人から見ると個性的で芯の通った女性に見えるということがあります。これは実際は相手に関する情報のうち、自分の期待に沿うものを選んだ結果なのですが、この選択は無自覚に行われているため、どちらも自分の認識のほうが正しいと思い込んでしまうわけです。

第4章

個人と対人認知の心理学

自分は一般的と人は思いがち

人は同じ条件下であれば他者も自分と同じ行動をとると考える

キーワード **フォールス・コンセンサス効果、サンドイッチマン実験**

無意識に人は「自分が抱いている意見は一般的で適切なもの」と考え、たとえその意見が間違っていたと知っても「自分の判断は正しかった。他の人も同じ立場ならそういう判断をしたはず」と自分の意見や判断を正当化しようとします。このように**自分の意見や行動が一般的と考える現象を「フォールス・コンセンサス効果」と呼びます。**

フォールス・コンセンサス効果は、**自分と似た価値観や経験を持つ人と協働する環境や、自分の選択したことを重要視してそれに対する合意を得ようとする心理、自分の行動は他者によって引き起こされたもので同じ状況なら他者も同じ行動をとるという意識、自分は価値ある人間でありその判断に間違いはないという思考**といった複数の要因が重なることで発生すると考えられています。

ロスらは、実際に行動を選択する状況でもフォールス・コンセンサス効果が生じると考え、ある大学で**「サンドイッチマン実験」**を行いました。生徒に「サンドイッチマンの広告板をぶら下げてキャンパスを歩いて欲しい」と依頼し、この依頼に対して同意するか拒否するかを回答してもらいます。さらに、他の学生に同じ依頼をした場合、その学生が同意するか否かについても回答してもらいました。実験の結果、依頼に同意した学生の多くは他の学生も同意すると回答し、逆に拒否した学生の多くは他の学生も拒否すると回答。好みや意見などの考え方だけではなく、行動選択の状況でもフォールス・コンセンサス効果が生じることが証明されたわけです。

フォールス・コンセンサス効果とは

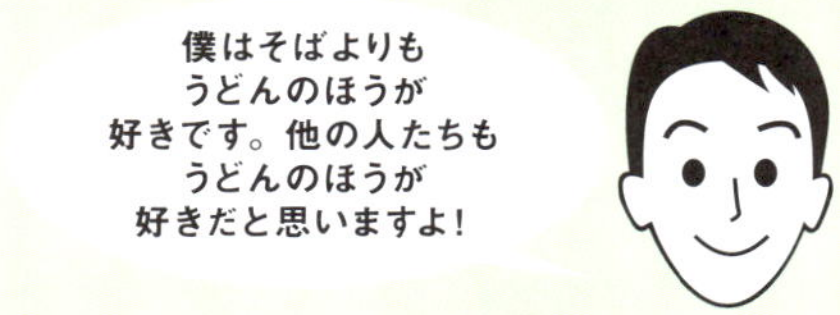
僕はそばよりも
うどんのほうが
好きです。他の人たちも
うどんのほうが
好きだと思いますよ！

「フォールス・コンセンサス効果」とは、人は自分の意見や行動が一般的と考え、同じ状況下であれば、他者も自分と同じ意見や行動をとるだろうと考える現象のこと。

●なぜ自分は一般的と思うのか

要因その1
人は自分と似た価値観や興味、経験を持つ人と協働する傾向が強い

要因その2
人は自分が選択した物事を重要視し、その選択に対して合意を得ようとする

要因その3
人は自分の行動は、周囲によって引き起こされたと考える傾向があり、同じ状況では他者も同じ行動をとると考える

要因その4
人は自分自身を価値ある者と思っており、それを維持するために、自分の選択は間違っていないと思いたがる傾向がある

こういった要因が重なり、**「自分の考えや行動は一般的でふつうのこと。他の人も自分と同じ考えを持つはず」**という考えに至る。

サンドイッチマン実験

大学生にサンドイッチマンの広告板を下げてキャンパスを歩き回るように依頼。この依頼に同意するか拒否するかを答えてもらった後、他の学生がこの依頼を同意するか拒否するかについても答えてもらった。

●サンドイッチマン実験の結果（Ross et al.,1977より）

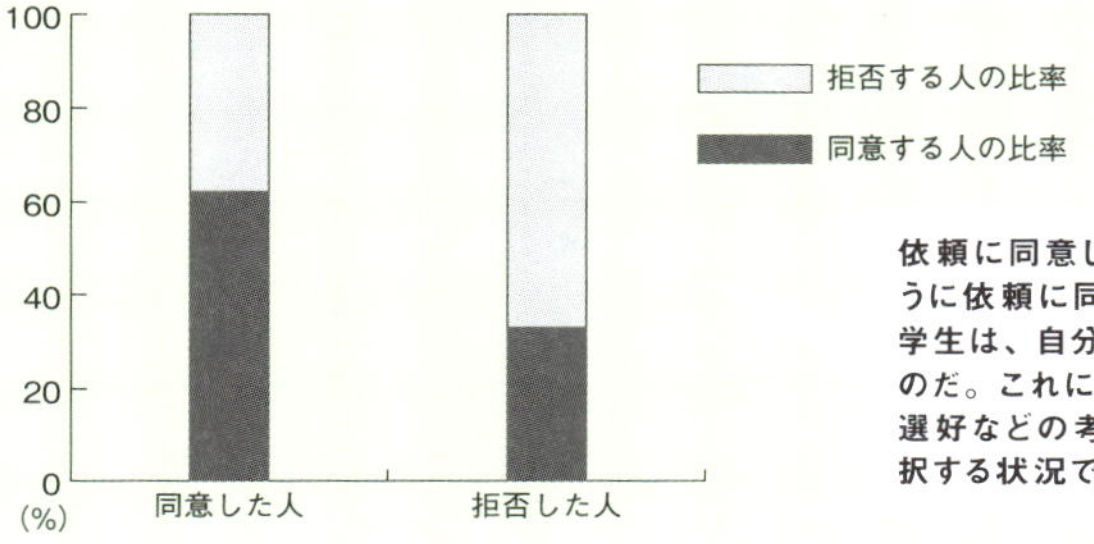
100
80
60
40
20
0
(%)
同意した人
拒否した人
拒否する人の比率
同意する人の比率

依頼に同意した学生は、他の学生も自分と同じように依頼に同意すると回答。逆に依頼を拒否した学生は、自分と同じように依頼を拒否すると答えたのだ。これによりフォールス・コンセンサス効果が、選好などの考え方だけではなく、実際に行動を選択する状況でも生じることがあると証明された。

人は必ずしも合理的な判断をしない

おとりがあると人は非合理的な選択をしてしまう

キーワード　**おとり効果**

経済学では元来、「人は合理的に判断を行う」というふうに考えてきました。しかし、**実際の人間の行動を観察すると、実はそう合理的な判断をしているわけではない**ことが明らかとなってきました。

人が合理的ではないことを示す実験のひとつに、アリエリーの**「おとり効果」**の実験があります。それは雑誌の購読案内を使った実験で、大学生100人に次の条件でどれを購入するかを回答してもらいました。

①ウェブ版の年間購読……価格59ドル
②印刷版の年間購読……価格125ドル
③ウェブ版＋印刷版の年間購読……価格125ドル

結果は①が16人、②は0人、③が84人で、③のウェブ版＋印刷版を選ぶ人が圧倒的でした。②の印刷版と③のウェブ版＋印刷版のセットはどちらも同じ価格なのですから、②を選ぶ理由はありません。もちろん出版社もそのことは百も承知です。では、なぜ②の選択肢があるかというと、これは③を購入させるための「おとり」なのです。

実際、同じ学生に②の選択肢を省いた2択で回答してもらったところ、①を選んだ学生は68人、③を選んだ学生は32人と、おとりがあったときとはまったく違う結果となりました。おとりがあろうとなかろうと、最初に③を選んだ人は、そのまま③を選びそうなものですが、なぜ学生たちは選択を変えたのでしょうか。その理由は、**人は物事を相対的に判断する**からです。この場合だと②の選択肢があったことで③がお得に感じられ選ぶ人が多かったのに対し、②がないとそのお得感が感じられず③を選ぶ人が減ったというわけです。

ダン・アリエリーのおとり効果の実験

大学生100人に3つの雑誌購読プランのうちどれを購入するかを回答してもらう。プランのうち②は③をお得に見せるためのおとりの選択肢。人が合理的であれば②があろうとなかろうと、同じものを購入するはずだが、実際にはおとりに大きく影響される結果となった。

●大学生100人に自分ならどれを購入するかを選ばせた

③が
お得だな

条件1 おとりの選択肢②がある場合

①ウェブ版の年間購読 ……………… 価格：59ドル
（選んだ人➡16人）

②印刷版の年間購読 ……………… 価格：125ドル
（選んだ人➡0人）

③ウェブ版＋印刷版の年間購読 ……… 価格：125ドル
（選んだ人➡84人）

⬇

③を選ぶ人が圧倒的に多かった

同じ内容なら
安い①でいいよね

条件2 おとりの選択肢②を消した場合

①ウェブ版の年間購読 ……………… 価格：59ドル
（選んだ人➡68人）

③ウェブ版＋印刷版の年間購読 ……… 価格：125ドル
（選んだ人➡32人）

⬇

条件1とは異なり、①を選ぶ人が激増した！

意思決定のメカニズムとは？

順序だてて解決する方法と最小限の情報で解決する方法の2種類がある

人はなにかを選ぶとき、時間をかけて情報を精査して選ぶ場合と、限られた情報を使って素早く選ぶ場合があります。前者の解決法を**「アルゴリズム」**といい、後者の解決法を**「ヒューリスティックス」**といいます。

　わたしたちの日常のシーンで例えると、携帯電話を買い替えたい場合、アルゴリズムは、さまざまな携帯電話に触れて使い心地や価格を慎重に吟味して選びます。自分が求める正解に確実にたどり着ける反面、時間と労力がかかってしまうのが難点です。対して、ヒューリスティックスは、たとえば「一番売れている携帯電話」というキーワードをもとに買い替える機種を絞って選びます。必ずしも自分が求める正解にたどり着けるわけではないものの、少ない労力と時間で効率よく正解に達する可能性が少なからずあるという強みがあります。また、ヒューリスティックスには、「代表性ヒューリスティックス」、「利用可能性ヒューリスティックス」などが存在します。

キーワード　ヒューリスティックス

代表性ヒューリスティックスは、カテゴリーの中で代表的または典型的な特徴を用いる方法です。携帯電話の買い替えを例にすると「一番人気」というカテゴリーの中からもっとも代表的な特徴である「若者が所持している」という情報を引き出し、それをもとに携帯電話を選びます。**利用可能性ヒューリスティックスは、複数の物事を比較する場合に、想起しやすい事柄を優先する方法です。**携帯電話を選ぶ際、過去に雑誌で見た携帯電話の売れ筋ランキングで、Aという携帯電話が1位になっているのを思い出し、その情報をもとに購入する携帯電話を決めるというわけです。

2つの解決法で意思を決定する

解決法①　アルゴリズム

時間をかけて確実な正解を見つけようとする解決法

解決法②　ヒューリスティックス

限られた情報の中で手早く答えを導き出す解決法

～意思決定の流れ～

新しい携帯電話に買い替えたい

さまざまな携帯電話に触って、使い心地や価格を見て自分に合ったものをじっくりと選ぶ

↓

この場合、携帯電話に1つずつ触って機能や使い心地を確かめることで最適な1台が見つかる。しかし、携帯電話の種類はあまりにも豊富で、取捨選択が難しく時間がかかってしまうことも。

「一番売れている携帯電話」というキーワードをもとにパッと選ぶ

↓

必ずしも自分が求める正解に行き着くわけではないが、短時間かつ効率よく正解に達する可能性がある。またヒューリスティックスには、「代表性ヒューリスティックス」、「利用可能性ヒューリスティックス」などが存在する。

●状況に応じて変化するヒューリスティックス

代表性ヒューリスティックス

カテゴリーの中で代表的・典型的な特徴を用いる方法。

カテゴリー　一番人気の携帯電話

カテゴリーの代表的な特徴　若者が持っている携帯電話

⇒「一番人気」というカテゴリーの中からもっとも代表的な「若者が所持している」という解決案に行き着き、Aという携帯電話を購入する

利用可能性ヒューリスティックス

複数の物事を比較するときに、思いつきやすい事柄のほうを優先しようと考える方法。

⇒雑誌を見た際、携帯電話の売れ筋ランキングでAという携帯電話が1位になっていたのを見た。購入時、「一番人気の携帯電話はA」という情報を思い出し、Aという携帯電話を購入する

意思決定には、時間をかけて確実な正解を見つける**「アルゴリズム」**と、少ない情報を駆使して素早く選択し正解へとたどり着こうとする**「ヒューリスティックス」**という2つの解決法が存在する。さらに、ヒューリスティックスには、カテゴリーの中の代表的な特徴を用いる**「代表性ヒューリスティックス」**と、複数の物事を比較するときに、思いつきやすい事柄のほうを優先しようと考える**「利用可能性ヒューリスティックス」**などがある。

他者の行動は本人に原因がある？

他者の行動原因を考える際、人は本人の内面的なものに原因を求める傾向がある

キーワード　内的帰属、外的帰属、基本的な帰属のエラー

人は事件のニュースなどを見かけると、犯罪の行動原因を推測しようとします。この**推測の過程を「帰属過程」といい、原因を推測することを「原因帰属」といいます。**原因帰属には**「内的帰属」と「外的帰属」**があり、それぞれ考えの方向性が異なります。

内的帰属は「犯人は暴力的な人」など、本人（加害者）の性格といった内的なものが原因で行動したと推測することです。対して外的帰属は「相手がなにかしたのでは？」など、他者（被害者）や環境に行動の原因があると推測することです。また、**人は他者の行動の原因を考える際、外的な原因を軽視し、内的な原因を重視する傾向があります。そのため「犯人に原因がある」という考えに至りやすく、このような思考の偏りを「基本的な帰属のエラー」**というのです。

人は本当に内的な原因を重視するのか、ジョーンズとハリスは、それを検証するためにエッセイ実験を行いました。学生をふたつのグループにわけ、試験でキューバのカストロ政権を支持するか否かのエッセイを書いてもらいます。グループAには政権を支持するかどうかを書き手の意思にまかせ、グループBには事前に書く内容を指示しました。その後、実験参加者に学生が書いたエッセイを読んでもらい、書き手の本心を推測してもらいます。その際、半数の人には書き手が自分の意思で内容を選んだと伝え、もう半数の人には書き手に支持するか否かをこちらで指定したと伝えました。その結果、政権を支持する内容を書いた学生は、書き手の意思に関係なくカストロ政権支持派と思われる割合が多く、基本的な帰属のエラーが起こったのです。

他者の行動を推測する行為とは

●原因帰属

人がとった行動に対して、なぜそういった行動をとったのか原因を考えること。

なぜこの人はこういった
犯罪を犯したのかな？

●内的帰属

本人(加害者)の性格など、内的なものが原因で行動したと考えること。

この犯人が
暴力的な性格
だった
からかな？

●外的帰属

他者(被害者)や環境が原因で行動したと考えること。

相手の
態度が
悪かった
からかな？

基本的な帰属のエラー

実は……他者の行動を推論する際、外的な原因よりも内的なものが原因と考える傾向が強い。
そのため、「犯罪者は本人に原因がある」と考えやすい。

> 他者がとった行動に対して人は、なぜその人がそういった行動をとったのかを考える。これを**「原因帰属」**といい、原因帰属には、その人の性格など、内面的なものが原因と考える**「内的帰属」**と、その人以外の他者や環境が原因と考える**「外的帰属」**がある。さらに、人は原因帰属を行う際、外的なものよりも内的なものが原因と考える傾向が強い。これを**「基本的な帰属のエラー」**と呼ぶ。

カストロ政権に関するエッセイ実験

グループAの書き手

カストロ政権を支持するかどうかを書き手の意思にまかせる(自由選択条件)

グループBの書き手

教師から事前にカストロ政権を支持、または不支持の内容を書くように告げられる(指定条件)

実験参加者

半数の人には、書き手が自分の意思で内容を選んだと伝え、もう半数の人には書き手に支持するか否かをこちらで指定したと伝え、推測してもらった

●書き手がカストロ政権の支持派か不支持派かを推測したグラフ（Jones&Harris,1967より）

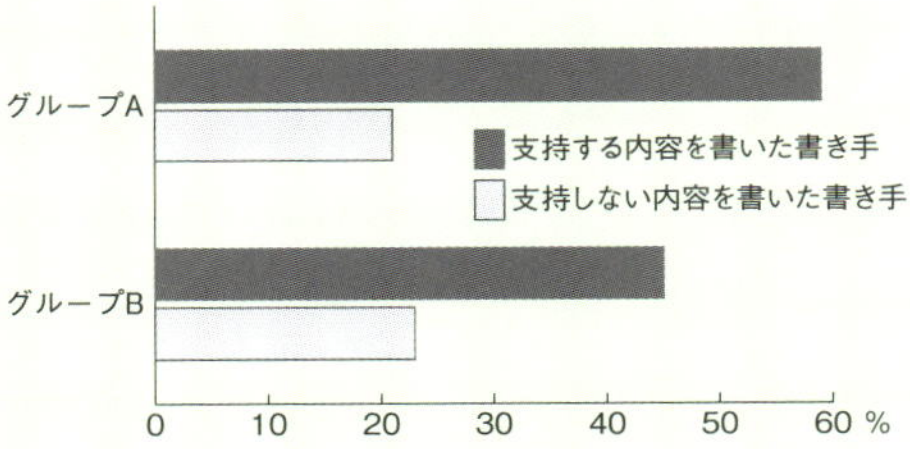
グループA
グループB
支持する内容を書いた書き手
支持しない内容を書いた書き手
0
10
20
30
40
50
60 %

自由選択状況と指定状況に関係なく、支持する内容を書いた人は、カストロ政権支持派と推測される割合が多かった。

> 教師の指示によって書かされたという外的要因よりも、書き手は実際に政権を支持しているという内的要因を重視する傾向が強く、**基本的な帰属のエラーが起こったことがわかった。**

偏った憶測はなぜ生まれる？

人は過去の経験や行動理由をもとに推測するため、偏った憶測が生まれる

キーワード　**自己奉仕的バイアス、因果スキーマ、割引・割増原理**

他者の行動原因を考える際、基本的な帰属のエラー（92ページ）によって内的なものを原因とする傾向が強いですが、自分自身の行動の原因を考える場合は、どうなるのでしょうか？　ケリーは、人は物事が成功した場合は内的なものが原因と考え、失敗した場合は外的なものが原因と考えると論じました。たとえば、料理に挑戦し、成功した場合は自分の腕のおかげであると考え、失敗した場合は「周囲がうるさかった」など、自分以外の存在のせいであると考えるのです。こういった、**自分に対して都合のいい考えを持つことを「自己奉仕的バイアス」**といいます。自分には甘く、人には厳しいという人は、自己奉仕的バイアスが強いということになるのです。

また、ケリーは人が偏った憶測をする要因についても解説しています。ひとつ目は**「因果スキーマ（因果関係の知識）」**。他者の行動を推測する際、**その人の内面や行動時の状況といった情報が不足していても、自分の知識や経験から勝手に原因を考えてしまう**というものです。ふたつ目は**「割引原理」**。たとえば、他者の行動に対してなんらかの利益が発生すると感じた場合は、**その利益が行動の原因と考え、その人の内面（優しさなど）を考慮しなくなる**傾向があります。3つ目は**「割増原理」**。他者の行動に対して、**行動した本人に損失が伴うと感じた場合は、その人の内面を見ようとする傾向が強くなる**のです。割引原理と割増原理に関しては、同じ状況でも推測する人によって答えが変わります。たとえそれが正しい解釈だったとしても、少ない情報に基づく偏った憶測であることに変わりありません。

自己奉仕的バイアスについて

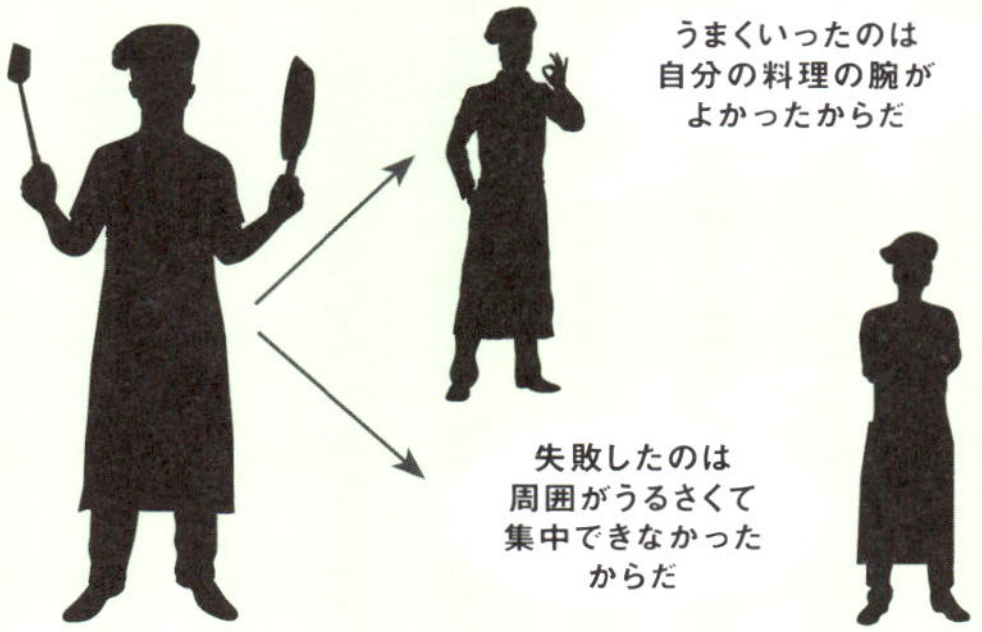
うまくいったのは
自分の料理の腕が
よかったからだ
失敗したのは
周囲がうるさくて
集中できなかった
からだ

●料理に成功した場合

自身の行動が成功した場合は、成功の原因を内的要因に見出す。この場合は、料理の腕がいいという内的要因を成功の理由と考えた。

●料理に失敗した場合

自身の行動が失敗した場合は、失敗の原因を外的な要因に見出す。この場合は、周囲がうるさいという外的要因が失敗の理由と考えた。

人は、自分の成功は自分の内的なものが原因で、失敗は外的なものが原因であると考える傾向が強い。このように自分に対して都合のいい考えを持つことを**「自己奉仕的バイアス」**という。

なぜ人は偏った憶測をするのか

偏った憶測の要因①

因果スキーマ（因果関係の知識）で情報を補う

その人の内面や行動時の状況といった情報が不足していても、自身が培った知識や経験といった因果スキーマをもとに原因を考える。

公園で遊んでいる
だけなのに怒鳴る
なんてすごく短気な
人なんだな

子どもの声の大きさや騒いでいた時間帯といった情報を考慮せずに、怒鳴る＝短気な人という偏った憶測をしてしまう。

偏った憶測の要因②

割引原理

他者の行動に対して、行動した本人の利益になる要因があると感じた場合は、その人の内面を見ようとしない傾向が強い。

仕事を手伝った
お礼に、おごって
もらうのが
目的じゃない？

助けることで対価を得るという考えが先行してしまい、その人の内面を考慮せずに推測した。

偏った憶測の要因③

割増原理

他者の行動に対して、行動した本人に損失が伴うと感じた場合は、その人の内面を見ようとする傾向が強い。

忙しいのに
仕事を手伝うなんて
ホントに優しい
人だな

忙しいのに仕事を手伝う、というその人にとって不利益な行動をとるのだから「この人は優しい人だ」と推測した。

他人の行動を推測する際、その人の性格や周囲の状況といった情報が少ない場合、自身の経験や知識を使って行動の原因を推測しようとする。この自身の知識や経験のことを**「因果スキーマ（因果関係の知識）」**という。また行動推測時、たとえば、行動した本人の利益になる要因の有無に応じて考え方が変化する。利益があると思った場合、**内面を見ない傾向が強くなる「割引原理」**が起こり、損になると思った場合、**内面を見る傾向が強くなる「割増原理」**が起こる。

人が高校野球に熱中するのはなぜか？

キーワード　**社会的アイデンティティ**

集団に所属することで存在を確認できる

現代社会を生きていく上で、人はさまざまな共通点を見出して、仲間意識を作っていきます。「おしゃべり好き」「考えが前向き」といった、内的特徴から捉えた自己認識は、「個人的アイデンティティ」と呼ばれ、自分を形作る上で重要な要素となります。

一方、自己紹介で、「○○高校出身」「××会社の営業部勤務」などと話すことも多いでしょう。このように、集団や社会的カテゴリーから捉えた自己認識を「社会的アイデンティティ」といいます。

社会的アイデンティティには、男性女性といった性別や国籍なども含まれ、その集団が評価されることにより、所属している自分の自尊心が満たされるといわれています。

そのためか、社会的アイデンティティには、自分が所属する集団のメンバーであることそのものを評価したいという気持ちが含まれます。誰しも、自分が所属する集団がより良い評価を得て欲しいと望みますので、高校野球では、自分の出身県の学校や、卒業した高校を熱中して応援することになりやすいのです。

では、自分の所属する集団が、望ましい評価をされなかった場合はどうなるでしょう？　このようなときは、その**集団から離れて別の集団へと移る「社会移動」**や、自分で努力をして**他の集団よりもより良くしようと考える「社会変動」**といった行動が考えられます。

こうした動きでも無理な場合には、「他にはもっとひどいところもある」というように、**より下のものとの比較をする「社会的〝創造性〟」の反応が起こる場合もあります。**

所属する「集団」とは？

国籍
性別
会社
出身地

社会的アイデンティティの形成は、自己をなんらかの集団や社会的カテゴリーの一員として位置づけるところから始まる。これを自己カテゴリー化と呼ぶ。

自分が所属するカテゴリーは、いくつもの階層構造を持っているため、状況によって個人的アイデンティティと社会的アイデンティティのどちらが強く認識されるかが変わっていく。


社会的アイデンティティとは、**その人が所属する集団や、社会的カテゴリーから捉えた自己認識**を指す。

性別、国籍、会社、出身地などがこれにあたる。

自分のいる集団に満足がいかない場合は？

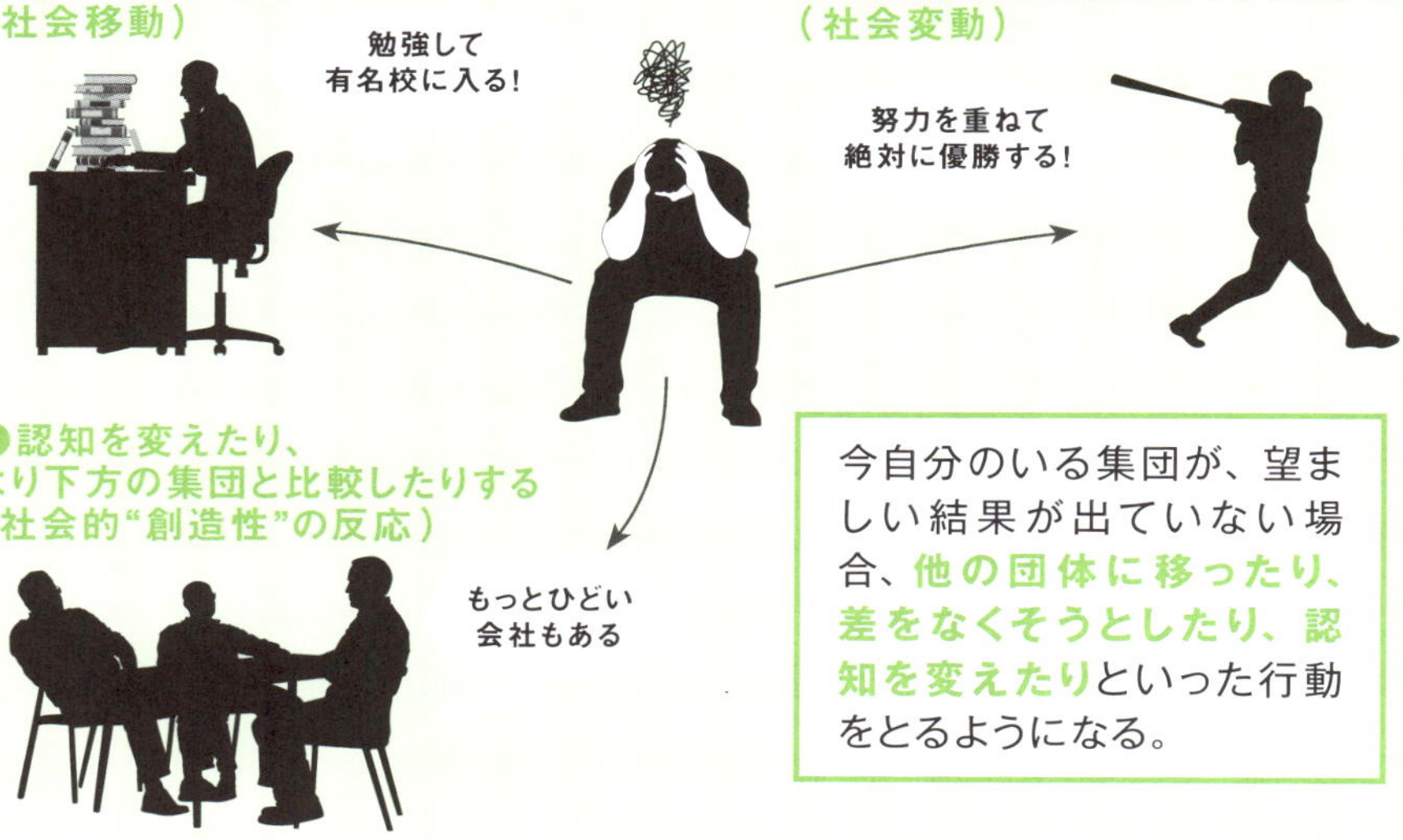
●他の団体に移る
（社会移動）
勉強して
有名校に入る!
●他の集団との差をなくそうとする
（社会変動）
努力を重ねて
絶対に優勝する!
●認知を変えたり、
より下方の集団と比較したりする
（社会的“創造性”の反応）
もっとひどい
会社もある

今自分のいる集団が、望ましい結果が出ていない場合、**他の団体に移ったり、差をなくそうとしたり、認知を変えたり**といった行動をとるようになる。

ステレオタイプと偏見は なぜ生まれる？

キーワード **ステレオタイプ**

ステレオタイプ化は無自覚のうちに起こる

ステレオタイプとは、特定の集団に対する、過度に単純化、画一化された概念のことです。「A型だから几帳面」や「沖縄出身だから陽気」などといったものもステレオタイプの一例です。

人間は、自分が所属する内集団から見た場合、それ以外の外集団の人に対して、このような概念を当てはめてしまいがちです。該当する人はひとりしか知らないのに、まるでそれがその集団全体に共通する特性のように思えてしまうのです。

このようなステレオタイプ化は、無自覚のうちに始まっていることが多く、特に悪いイメージを持ってしまうと、偏見や差別へとつながっていきかねません。

では、このようなステレオタイプから抜け出すためには、どのようにすればよいのでしょうか？

ひとつ目は、**相手の属しているカテゴリーをより多く知ること**です。ひとつの側面からだけ見ていると見えていなかったものが、違った角度からだとよく見えることがあります。意識して、違うカテゴリーを探してみるとよいでしょう。

もうひとつは、**相手をよく知ること**です。実際に接してみると、「実はこうだったんだ！」「思っていたのと違う」ということが出てくるはずです。こうして、ステレオタイプに縛られた見方を変えてみると、より良い関係を築くことができると思います。

ステレオタイプ化を完全になくすことはできないといわれています。しかし、少なくとも、自分たちの中にそのような単純化する傾向があると認識するだけでも、社会は違ってくるでしょう。

よく見られるステレオタイプの例

有名大学卒

良いステレオタイプ

- 頭が良い・論理的・知識が豊富

悪いステレオタイプ

- 融通がきかない・理屈っぽい
- 冷たい

違う集団
から
見た場合

芸能人

良いステレオタイプ

- 才能がある・社交的
- 明るい

悪いステレオタイプ

- 軽薄そう
- 浮き沈みが激しい
- 生活がルーズ

自分の所属していない集団（外集団）に対して、過度に単純化された画一的概念を**ステレオタイプ**という。ステレオタイプには、**良いイメージのものと悪いイメージのものがある。**

ステレオタイプ化を回避するには

●相手の属している他のカテゴリーを知る

お医者さん、
気難しそう…
趣味が
サーフィン！
楽しそう

●実際に相手と接してみる

とっつき
にくそう…
話してみたら
すごく
優しい！

ステレオタイプ化された考えを変えるには、**相手の所属している新たなカテゴリーを知ること、そして相手と実際に接してみることが大切。**それにより、相手の違った面を見ることができる。

流行に乗る人・逆らう人

キーワード **独自性と同調性**

独自性と同調性のせめぎ合い

食べ物やファッション、音楽など、世の中には「流行」があふれています。この流行とは、一体どのようなものなのでしょうか？

最初に挙げられるのは、一定の範囲の人に広まるものであるということです。年代的、地域的に固まった層で流行《はや》り、それ以外の人には、興味を持たれません。次に、一定の期間で終息してしまうという点も特徴です。いわゆる「ブーム」と呼ばれるもので、数ヵ月から一年程度のものが多くなります。そして、それらが**意図的につくられたものであるという点も重要**です。とくに現代では、マスコミやインターネットなどを通じて、さまざまな流行が生み出されていきます。

では、流行に乗る人と逆らう人には、どのような差があるのでしょうか？

実は、**流行に敏感な人と、逆らう人には、共通した特徴があります。それが「独自性」です。**どちらも「周りの多くの人とは違うことをしたい」という意識のもとに動いています。それが、「流行を先取り」と「流行をまったく気にしない」というふたつの方向にわかれているだけなのです。一方、**ある程度広まってから流行に乗る人は、「同調性」を重んじている**といえます。「周りの人と同じような格好をしたい」という思いから、流行に合わせているのです。

以上のように、「独自性」と「同調性」がせめぎ合って、その人の流行への対応ができ上がっています。一番初めに取り入れる「イノベーター」という人がいる一方、ピークを過ぎたあたりで乗っかってくる「流行遅れ」の人も一定数いるのです。

「流行」とはどんなものか?

1 対象の範囲が限られる

欲しい!
面白そう!
まったく
興味がない
《若い女性》
《年配の男性》

2 一定の期間のみ

Sun Mon Tue Wed Thu Fri Sat
1 2
3 4 5 6 7 8 9
10 11 12 13 14 15 16
17 18 19 20 21 22 23
24 25 26 27 28 29 30
31

3 意図的に作られる

今○○が熱い!
今年は××が流行!

●流行に敏感な人・逆らう人

他の人と違う
ものを着たい!

独自性への欲求が強い

●流行に普通に乗る人

みんなと同じような
格好をしたい

同調性への欲求が強い

●流行の広がり方

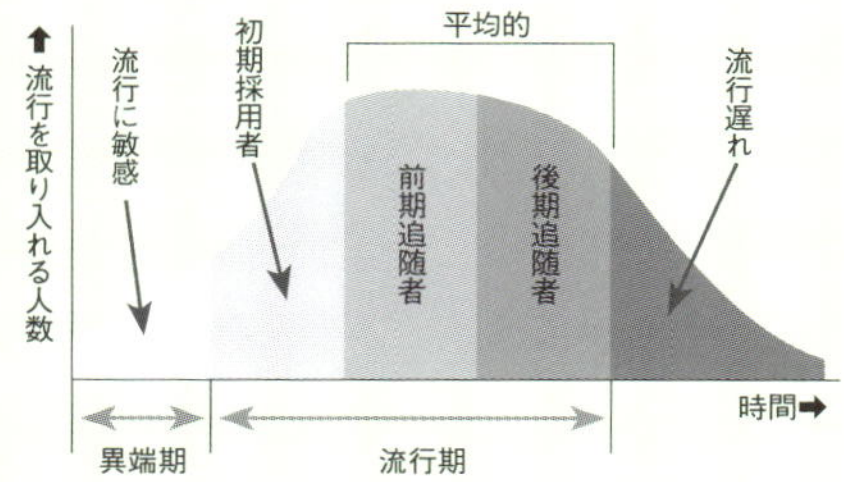
流行を取り入れる人数
流行に敏感
初期採用者
平均的
前期追随者
後期追随者
流行遅れ
時間
異端期
流行期

流行とは、**一定数の人たちが、一定の期間、同じような行動をとるように心理的に誘われること**である。そこには、人と違うことをしたいという**独自性**と、みんなと同じにしたいという**同調性**の双方の感情が含まれている。

良好な関係には バランスが必要

キーワード **バランス理論**

私とあなたと、好きなものの関係

バランス理論は、アメリカの心理学者フリッツ・ハイダーによって提唱されました。

たとえば、あなたに好きな異性がいたとして、自分は犬が大好きなのに、相手は犬が嫌いだったとしましょう。そこには、**「同じものを好きになってもらえない」というストレスが生じます。このような状態を、バランス理論を使って説明することができるのです。**

人（P）が、相手（O）に対して持つ態度（PO）は、ある対象（X）に対して持つ関わり方（PX）と、相手とその対象との関係（OX）からの影響を受けるというものです。この関わりを、「好き」をプラス、「嫌い」をマイナスでそれぞれ表すと、全部で8通りのパターンが出来上がります。そして、それぞれの記号を掛け算したときに、結果がプラスになれば、バランスの取れた関係、マイナスになれば、バランスが取れていない関係となるのです。

先ほどの例でいえば、自分は犬が好きだというプラスと、相手は犬が嫌いだというマイナス、そして自分は相手を好きというプラスを掛け合わせて、マイナスになります。つまり、**バランスが取れていないのでストレスが生じることになる**のです。

このようにバランスを欠いた状況になってしまったときには、どのように対処すればよいのでしょうか？

それには3つの方法があります。ひとつは、対象に対する**自分の態度を変えること。**次に、**相手に対象への態度を変えてもらうこと。**そして最後に、**相手との関係を解消すること**です。この理論を頭に入れて、他者との関係を考えてみるとよいでしょう。

バランス理論

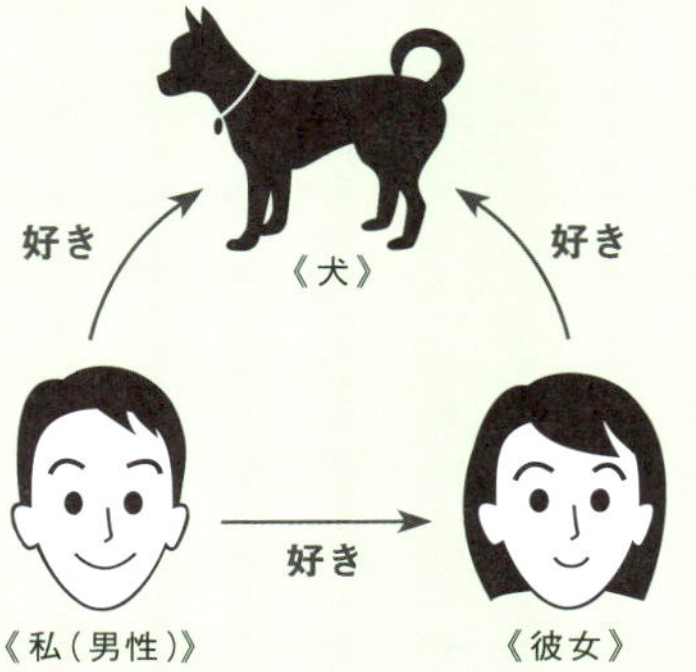
好き
《犬》
好き
好き
《私（男性）》
《彼女》

この場合のバランスは

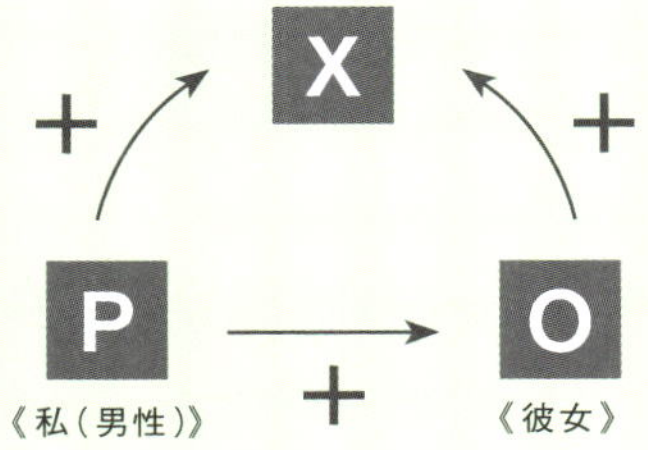
X
＋
＋
P
＋
O
《私（男性）》
《彼女》

P＝私　O＝相手　X＝ある対象
（＋）×（＋）×（＋）＝＋
→均衡が取れている

バランス理論では、自分と相手と対象物への態度によって、バランスが取れているかどうかが決まる。この図の場合、**自分が犬が好き**で、**彼女も犬が好き**、そして、**自分は彼女が好き**ということで、**すべての感情がプラスで表される**。この関係の記号を**掛け算したときに、プラスになれば均衡（バランス）が取れている状態。マイナスになると不均衡**ということになる。

不均衡な状態を解消するには？

1 対象に対する態度を変える　**2 相手に態度を変えてもらう**　**3 相手との関係を解消する**

犬苦手だったけど
好きになる！
犬好きに
なって！
別れよう

自分と相手、そして、ある対象の関係が不均衡である場合、人はストレスを感じてしまう。それを解消するには3つの方法がある。**自分の対象に対する態度を変える、相手に態度を変えてもらう、相手との関係を解消する**。ストレスを無くすためには、なんらかの方法をとらなくてはならない。

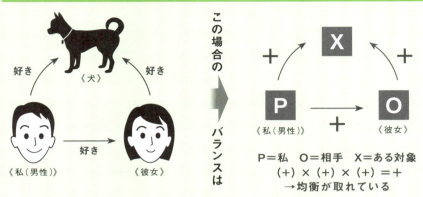

人はどのように説得されるのか

相手を説得するためのテクニック

説得とは、自分とは異なっている、相手の考えや態度を変えようと働きかけることです。これは主に4つの過程で成り立ちます。まずは、送り手側の発信が相手の「注意」を引くこと。次に送り手側のメッセージが相手に「理解」されることです。ここで、情報が相手にとって価値を持つものと思われれば、次の「受容」へと繋《つな》がっていきます。なお、この段階で送り手側のメッセージを受け手側が受け入れたことになります。最後に、その説得内容が相手に「記憶」されれば完了となります。

上手な説得には、送り手側の信憑性も重要になってきます。相手が大学教授など、専門家である場合や、身近で信頼を得ている人であれば、より信憑性が増すため受け入れやすくなるでしょう。

キーワード　**メッセージ・心理的リアクタンス**

さらに、**受け手側にあまり専門知識がない場合は良い面だけを提示する「一面的メッセージ」が有効で、反対に受け手側がすでにある程度の知識を持っている場合は、悪い面も合わせて提示する「両面的メッセージ」が有効**だとされています。これは、あえて反対の意見も入っていることで、客観的で公正な情報だと感じられるためです。

もちろん、送り手側の姿勢も重要です。説得の意図を明瞭にして、受け手にどんなメリットがあるかを説明しなければなりません。

説得において注意しなければならないことのひとつが、**心理的リアクタンス**です。これは、説得された内容に関し、受け手側が自分の自由への脅威が大きいと感じると、あえて言われたこととは反対の行動をとって、自由を回復しようとする心理プロセスのことです。

説得される過程

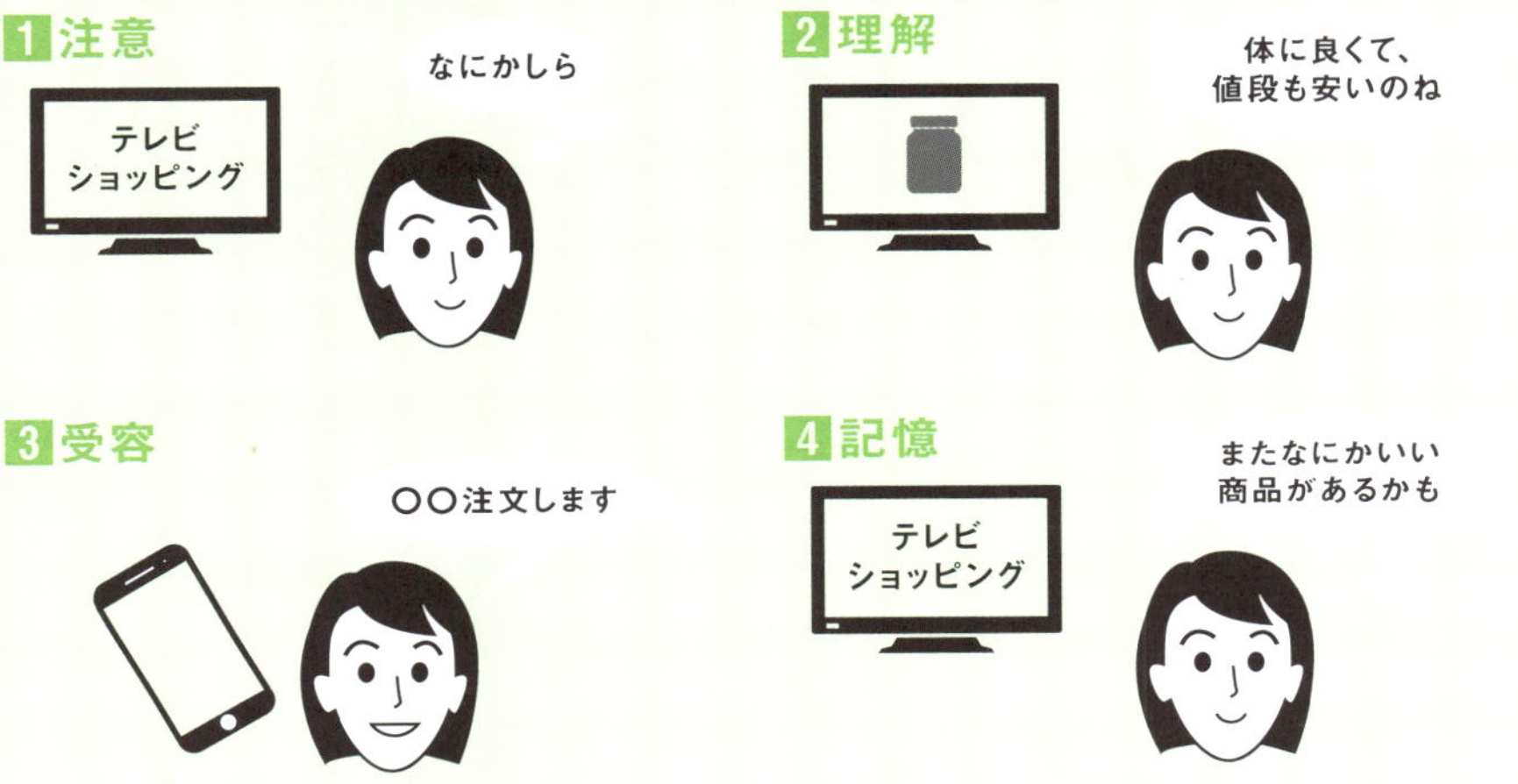
1 注意
なにかしら
テレビ
ショッピング
2 理解
体に良くて、
値段も安いのね
3 受容
○○注文します
4 記憶
またなにかいい
商品があるかも
テレビ
ショッピング

人が説得されるには、4つの過程がある。まず、**注意を引き、説得される人にその内容が理解される。**そして、**そのメッセージを受け入れて行動を起こし、それが記憶される**というものである。

説得される条件

●相手の信憑性
お医者さんが言う
なら間違いない
●受ける側の知識量
リスクについても
話してくれないと
信用できない…
●心理的リアクタンス
お酒は
体に悪い
俺の
勝手だ！

説得される条件としては、**相手の話に信憑性を感じること、受ける側の知識量に合った説明をしてくれることが**挙げられる。また、受け手が自分の自由を侵害されたと感じるときには、あえて説得とは反対の行動をとり自由を回復しようとすることがある。これを**心理的リアクタンス**という。

スリルを味わうと相手の魅力がアップする

キーワード　つり橋実験・情動の2要因理論

人を好きになりやすいシチュエーション

社会心理学の実験の中で、最も有名なもののひとつに**つり橋実験**があります。

まず、同じ川にかかるつり橋と木製の橋の上で、18歳から35歳の男性被験者に対し、男性と女性のインタビュアーが質問を投げかけます。そして、「研究の詳細に興味があれば連絡ください」と言って、電話番号を渡すのです。その電話番号を受け取るか、そしてその後、電話での連絡が来るかどうかを調べたものです。

実験の結果は興味深いものでした。電話番号を受け取った人数は、どちらの橋でもほとんど差は無いのに対し、**電話をかけてきた人数は、つり橋のほうが格段に高くなっていた**のです。ちなみに、この結果は女性がインタビューした場合に限られ、男性インタビュアーの場合は、大きな差は見られませんでした。つまり、つり橋のような危険な場所にいると、そこで出会った異性に好意を抱いてしまうという結果が出たのです。

これは、**情動の2要因理論によって説明されます。**人がなんらかの要因によって、心拍数の上昇などの生理的喚起が起きると、そのとき置かれている状況の中に要因を求めてしまうというのです。つり橋の上で、恐怖心から心臓が高鳴ると、無意識のうちにその原因を考え、そのとき目の前にいた女性に対して好意を抱いているのではないかと錯覚してしまうというわけです。

また、**人は不安なときに、他人と一緒にいたいという、親和欲求が増加する**ともいわれています。そのため、異性とふたりでお化け屋敷に行ったり、絶叫系の乗り物に乗ったりという行動は、仲を深めるためにも有効な手段といえるでしょう。

つり橋実験

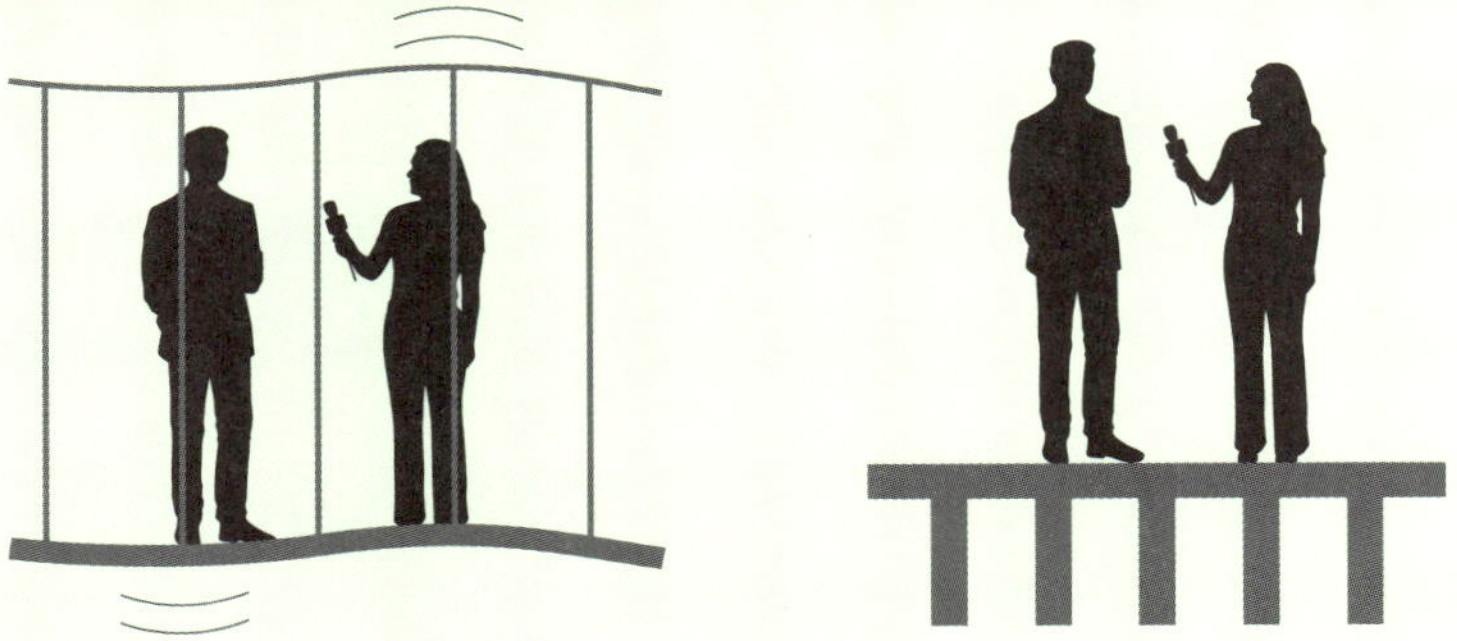

揺れるつり橋と、安定した木製橋の上でインタビューした場合、質問紙に回答した人数と、電話番号を受け取った人数には大きな差は出なかったが、**後に「研究の詳細に興味がある」として電話をかけてきた人数には、3倍以上の差が見られた。**

つり橋効果はなぜ起きるのか？

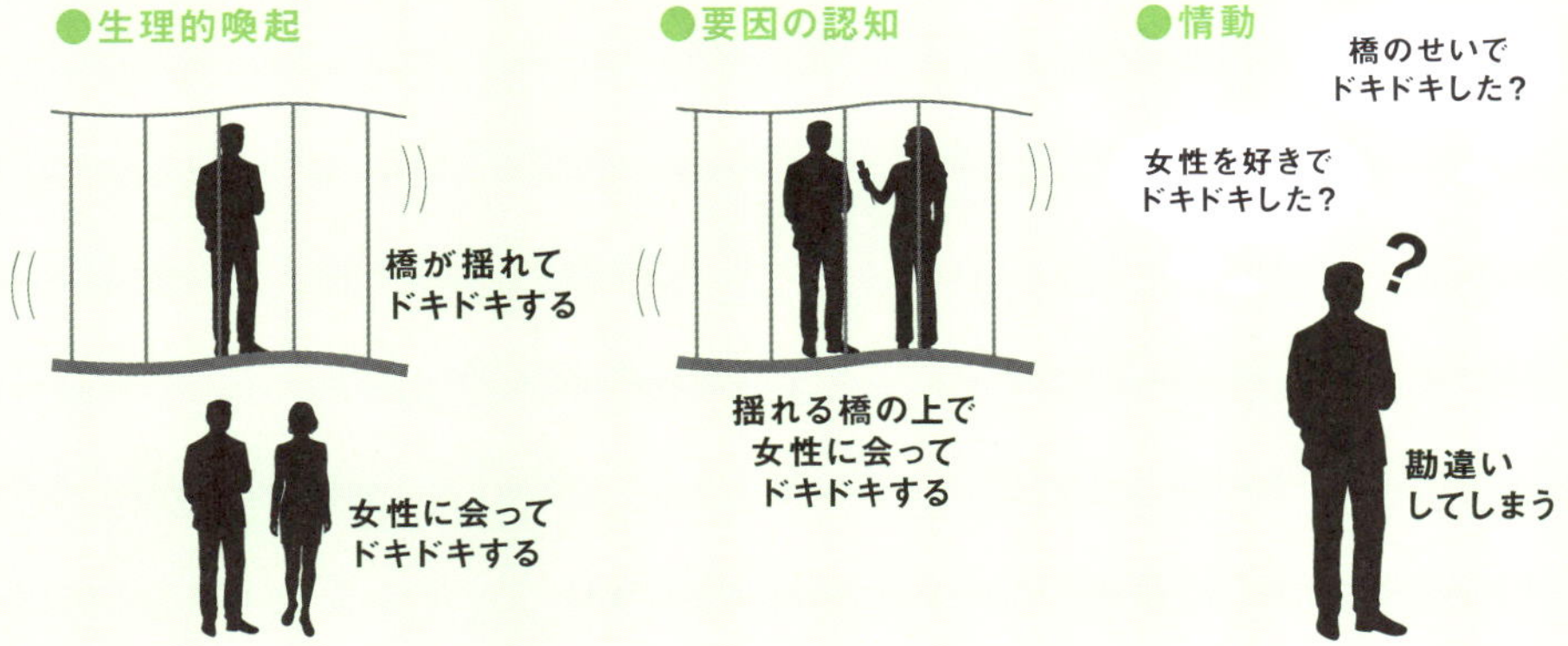
●生理的喚起
橋が揺れて
ドキドキする
女性に会って
ドキドキする
●要因の認知
揺れる橋の上で
女性に会って
ドキドキする
●情動
橋のせいで
ドキドキした？
女性を好きで
ドキドキした？
勘違い
してしまう

なんらかの要因によって、生理的喚起（この場合はドキドキする）が起きると、置かれている状況の中に要因を求めようとする。情動をそこで認知した要因に関連付けて解釈する結果、恋愛感情と勘違いするようになる。このような心理プロセスを**情動の2要因理論**という。

素朴なリアリズム

人にはある物事への認識について「自分の解釈は真実であり、相手もそれをわかっているはずだ」という思い込みがあります。これは「素朴なリアリズム」と呼ばれ、以下の3つの信念からなります。

1. **自分は、あらゆる出来事を客観的現実そのままに見ており、自分の態度や信念は、手に入った情報や証拠を冷静で、歪みがないように理解した結果である。**
2. **自分と同じ情報にアクセスした上で、筋道を立てて熟慮し、偏りなく吟味できれば、他者も自分と同じ反応、行動、意見にいたる。**
3. **自分と相手の意見が合わないときは、(1) 他者は自分と異なる情報に接触した、(2) 他者は怠慢で、理性的でない。客観的証拠から筋の通った結論を導く規範的方法をとることをしない、もしくはできないのいずれかである。**

ある問題について議論を行う際、賛成派と反対派が互いに自分の主張を譲らず、議論が平行線になるということはよくありますが、双方がこの「素朴なリアリズム」に染まっていると考えれば、平行線になるのも納得です。

有意義な議論を行うためには、「自分がそうであるように、相手も自分が正しいと信じている」ということを理解しておくことが大切になってくるのです。

第5章

社会のあり方と心理学

囚人のジレンマとは？

キーワード　囚人のジレンマ

ジレンマに陥る仕組みとは？

人は社会の中で生きていく上で、様々なジレンマ（板挟み状態）に直面します。その中のひとつを説明する事例に、**囚人のジレンマ**ゲームがあります。

ある事件で共犯の疑いをかけられたふたりの男を逮捕し、別々に取り調べを受けさせます。簡単には自白しない男たちに対し、検事がある司法取引を持ちかけるのです。

ふたりともこのまま黙秘したら、どちらも懲役3年、片方が自白したら、自白したほうは不起訴で、もう一方は無期懲役。両方が自白したらともに懲役10年とする——この条件を出された囚人は悩みます。もうひとりの相手がどうするのかがわからない状況で、悩みは深まることでしょう。

しかし、実はこのゲーム、内容を整理してみると、**自白してしまったほうが結果的には得になる**のです。相手が黙秘した場合、自分が黙秘すると懲役3年で自白すると不起訴、相手が自白した場合は、自分が黙秘すると無期懲役で自白すると懲役10年という具合です。

ここでジレンマが生じるのは、**相手がどんな行動をとるか、信用できないから**に他なりません。そして、もうひとつ考えなければならないのは、黙秘するということは、相手の選択に対して「協力する」という意味合いを持つことです。結果的に自分が損をする可能性があっても、人は相手に協力することがあります。これは、同じようなゲームを、1回限りではなく、何度も繰り返し行う場面で、顕著に表れてきます。このことから、**人は長く付き合う相手に対し、協力的になりがち**だという側面が見えてきます。

囚人のジレンマ実験

●共犯で捕まった2人の囚人に検事が司法取引を持ちかける

《囚人A》

《囚人B》

2人は別々に取り調べを受けており、
話すことはできない。

検事の出した条件

- 2人とも黙秘したら、どちらも懲役3年。
- 自分だけ自白すれば不起訴。
（相手は無期懲役）
逆も同じ。
- 2人とも自白すれば両方懲役10年。

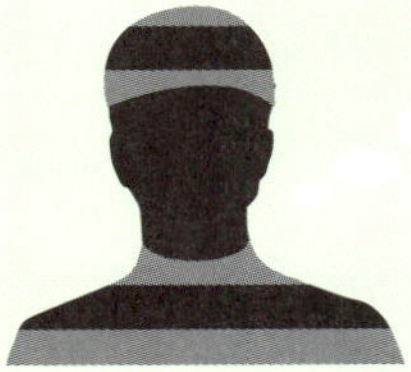

《囚人Aの考え》

俺もあいつも黙秘すれば、2人とも懲役3年で済む。しかし、もしあいつが黙秘を守るのだったら、俺だけ自白してしまったほうが不起訴になって得だ。けれど、2人とも自白したら懲役10年、それよりは2人とも黙秘したほうがいい。いや待て、万一俺だけ黙秘してあいつに自白されたら、それこそ最悪の無期懲役だ…。

囚人のジレンマ、実は…

相手が黙秘した場合、懲役3年ではなく不起訴。相手が自白した場合、無期ではなく10年、となることから、どちらにしても自白したほうが得。

●囚人のジレンマの利得行列

Aの選択 ＼ Bの選択	黙秘	自白
黙秘	3年 / 3年	不起訴 / 無期
自白	無期 / 不起訴	10年 / 10年

それぞれ、
左下がAにとっての結果、
右上がBにとっての結果

囚人のジレンマでは、相互依存関係にある、社会的な状況を描き出している。このような状況は、私たちの日常生活の中でもしばしば発生する。その場合、**必ずしも「より得」という短期的利益だけで動くとは限らない。そこに「協力」という行為が発生するのである。**

囚人のジレンマを用いた
コンピュータ・トーナメント

キーワード　応報戦略

コンピュータ上で明らかになった戦略

囚人のジレンマゲーム（110ページ）では、対戦を**何度も続けると協力的な関係が出てくる**と言われています。この関係について、コンピュータを使って実証したのが、国際政治学者のアクセルロッドです。彼は、ゲーム理論の専門家たちに呼びかけ、囚人のジレンマを用いたゲームの戦略プログラムを募集しました。

「コンピュータ・トーナメント」と呼ばれるこの対戦**（計算機実験）**では、14人の専門家が作成したプログラムに、協力と裏切りがランダムに50％ずつ出てくるプログラムを加え、200回繰り返す総当たり戦を行いました。

プログラムには、相手の戦略を見抜いた上で自分の戦略を決めるというような、高度で複雑なものも含まれていました。しかし、**結果的に一番高い成績を出したのは、「応報戦略」という最も単純なプログラム**でした。**応報戦略とは、最初の回は協力し、その後は、相手が前回取った手と同じ手を自分も取るという戦略**です。

この結果は大きな反響を呼び、2回目には世界中の専門家から63ものプログラムが集まりました。それらを戦わせたところ、**やはり最も高い成績を収めたのは応報戦略だった**のです。

アクセルロッドは、応報戦略の4つの特徴を挙げています。ひとつ目は自分からは相手を裏切らない「上品」な戦略であること。ふたつ目は相手の裏切りに即座に対応すること。3つ目は相手の協力にも即座に対応すること。最後は、意図が相手にわかりやすいことです。古くから伝えられる、「目には目を、歯には歯を」という言葉も、この応報戦略を表しているといえそうです。

コンピュータ・トーナメントの方法

●囚人のジレンマを用いた計算機実験

自分の選択 ＼ 相手の選択	C（協力）	D（裏切り）
C（協力）	40円 40円	60円 0円
D（裏切り）	0円 60円	20円 20円

自分が相手に協力するか裏切るかを決め、相手がそれに対しどう対応したかで利益額が変わるのを表した図(それぞれ左下が自分の利益額、右上が相手の利益額)。これを繰り返し実施する。

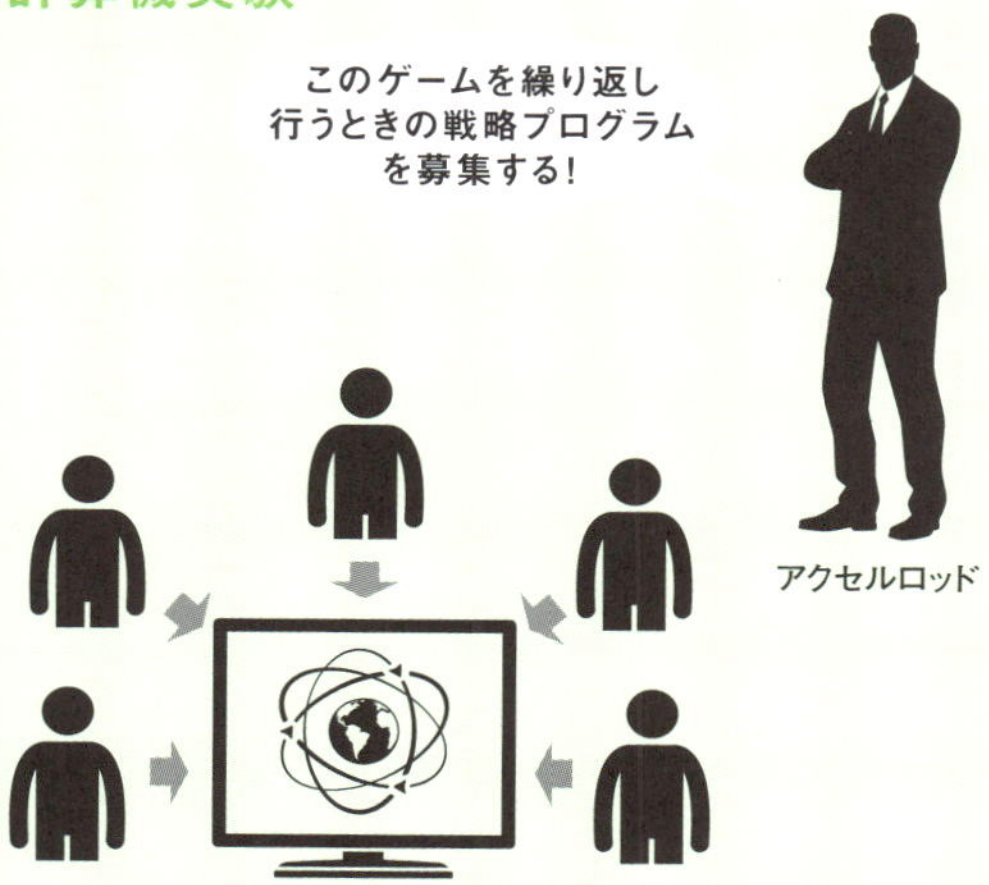

世界中から戦略を募り、総当たり戦を実施

計算機実験の結果は…

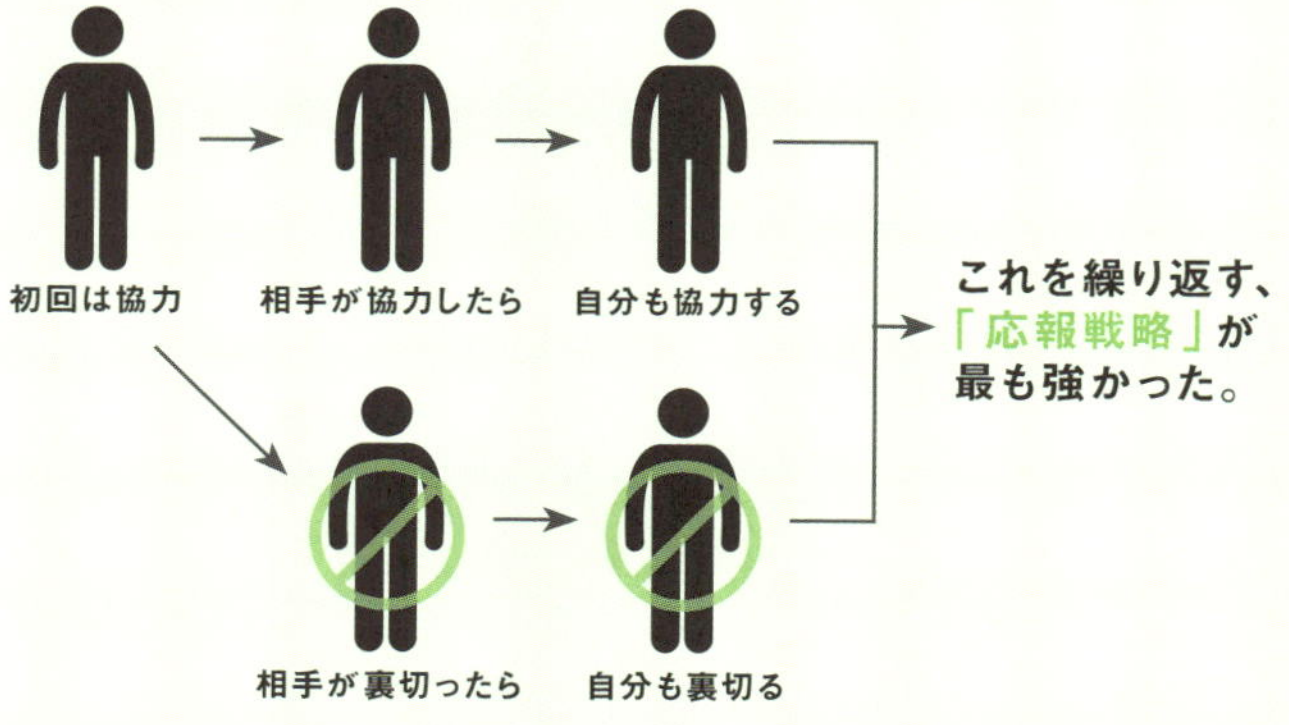

コンピュータ・トーナメントの研究が発表されたのは1980年。これ以降、心理学の研究でもコンピュータを活用したシミュレーションが多く導入されるようになった。

アクセルロッドは、囚人のジレンマを用いたゲームで、世界中から戦略を募り、集まったプログラムを総当たり戦で戦わせた。これが、コンピュータ・トーナメントである。結果、最も強かったのは、相手が前回取った手を、そのまま自分の手として繰り返す「**応報戦略**」であった。

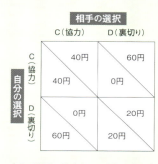

協力したほうが自分の得になる？

キーワード　互恵的利他主義、規範

人間関係はギブアンドテイクが基本

日本には、「旅の恥はかき捨て」という言葉があります。これは、1度しか行かないようなところであれば、その後長く付き合うわけでもないので、恥ずかしいことをしても平気、という意味です。裏を返せば、長く付き合う場合には、相手の気持ちを考え、自分勝手な行動は慎んだほうがよいと捉えることができるでしょう。

自分が相手となにかをするとき、相手の協力につけ込むような汚い戦略を持っていると、相手にもそれを見透かされて、結局うまくいかなくなります。つまり、持続的な2者関係においては、「ごりごりの利己主義」は通用しないのです。

相手と協力していくにあたって、最も大切な考え方は、**互恵性《ごけいせい》、いわゆるギブアンドテイク**です。相手がなにかしてくれれば、自然とこちらもなにかをしてあげたくなる。互恵性を**規範**とするそういった関係が、付き合いを長く続けられる秘訣といえるでしょう。

その考えに基づいて、距離を近づけていく手法のひとつが、**自己開示**です。これは、**相手に自分のことを多く話していくと、相手も自分のことを話すようになり、ふたりの距離が縮まっていく**というものです。自己開示をすることにより、相手への信頼感が高まり、好意が増していくと考えられます。また、話す内容も、表面的な部分だけではなく、だんだんと自分の内面に関連したことも含めると、効果的でしょう。

さらに、日本のことわざにある「情けは人のためならず」というのも、他人に親切にすると、巡り巡って自分のところに返ってくるという意味で、互恵性を表したものといえます。

相互協力と相互非協力

●相互協力

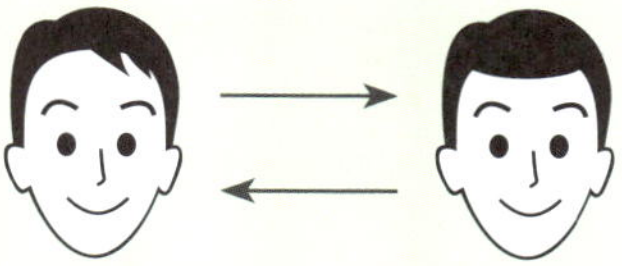
協力しよう!
いいよ!

●相互非協力

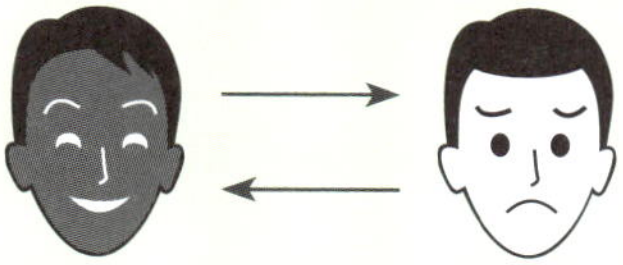
カモにしてやる
信用できない

研究によると、自分から進んで裏切らない、善良な戦略では、**相互協力が築けて、良い結果が出る**が、相手の協力につけ込もうとする悪い戦略は、結局、相互非協力の状態に陥ってしまい、**そこから二度と抜け出すことができず、悪い結果しか出せなくなる。**

互恵的利他主義の例

●ギブアンドテイク

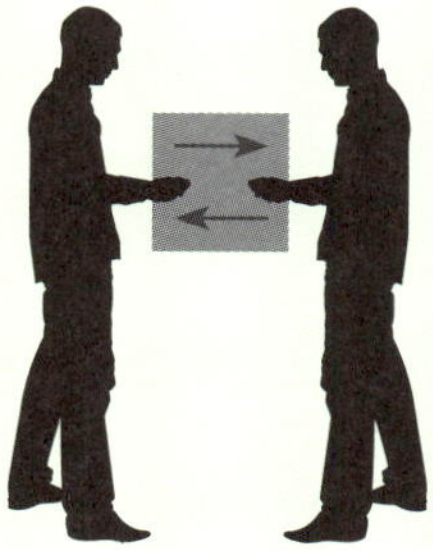

相手にしてもらった分を
相手にも与える

●自己開示

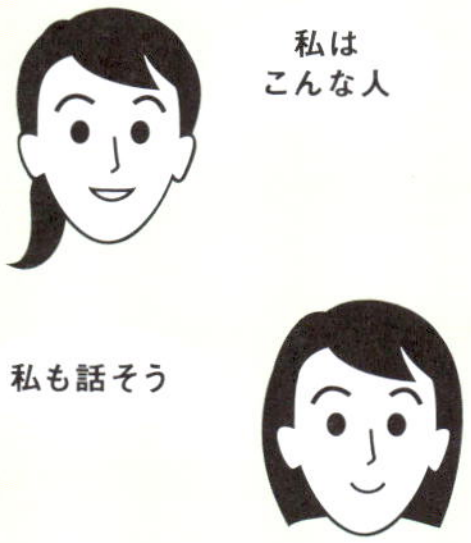
私は
こんな人
私も話そう

自分のことを知ってもらうことで
信頼を得る

●情けは人のためならず

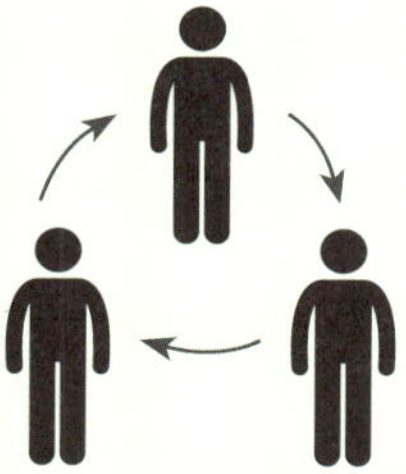

人に情けをかければ、
それが巡り巡って自分にも
よい報いが返ってくるという教え

互恵性とは、いわゆる「ギブアンドテイク」。こちらの要求を飲んでもらう代わりに、相手の要求も聞き入れること。また、日常で活用するときには**自分のことを相手に知ってもらって、その分相手のことを聞くという、自己開示も重要**である。

自己利益の追求は社会全体の利益を損なう

キーワード **社会的ジレンマ、共有地の悲劇**

全体の利益にするためには利他的利己主義の確立が必要

長く付き合う2者の関係では、ギブアンドテイクが重要であると述べましたが、これが、もっと多くの人が所属するコミュニティの場合はどうでしょうか？

哲学者のハーディンは、**共有地の悲劇**という例を挙げて、この問題を解説しています。

産業革命前後のイギリスの農村には、コモンズと呼ばれる共有地があり、農民たちはそこに羊毛をとるための羊を放牧して育てていました。農民一人ひとりの立場からすると、共有地に放牧する自分の羊が多ければ多いほど、羊毛の収穫量が増え、利益になります。しかし、多くの人がそれをしてしまうと、牧草が無くなるなど、共有地の荒廃が進み、結局は全員が羊を飼えなくなって、全体の損失になるのです。

この状況は、**個人にとっての利益と、３者以上の集団全体の利益が対立する状態として、「社会的ジレンマ」と呼ばれます。**このような状態を解決するためには、どんな手段をとればいいのでしょうか？

まずは、共有地を管理する人を置き、ルールを守ったら報酬を与え、破ったら罰をくだすといった、アメとムチ作戦が重要でしょう。また、共有地の状況について教育を施し、道徳観や価値観の転換を促すこともできます。ただ、どちらの場合も、対策にコストがかかったり、自分以外の人が守っているかどうか不信感を持ってしまったりといった別なジレンマも発生します。

最終的には、それらの施策を含めて、「社会全体の利益になるような行動こそが自分のためになる」という意識、いわば利他的利己主義を各人が確立していくことが重要になってくるのです。

共有地の悲劇

一人ひとりの羊飼いが、より多くの羊を飼おうとすると、**牧草地の荒廃が進み、結局一匹も飼えなくなってしまう**というジレンマの例。

社会的ジレンマの解決

●アメとムチ

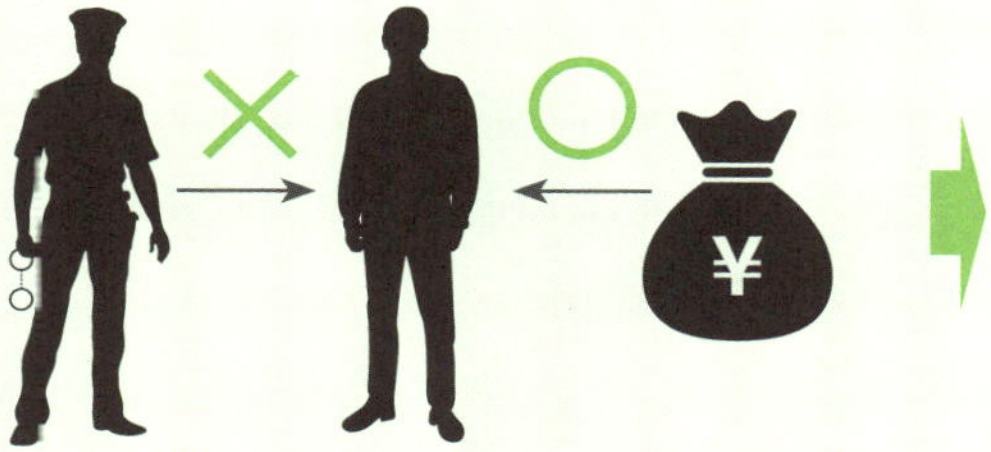

ルールを破ったら罰、守ったら報酬を与える

罰と報酬による制度を作ると、それを維持するためにコストがかかり、その負担を巡って、二次的ジレンマが発生してしまう。

●道徳観、価値観の転換

社会のしくみ、ルールについて教育する

社会的ジレンマを解決するためには、**「社会全体の利益になるような行動こそが自分のためになる」**という、いわゆる**「利他的利己主義」**を各人が確立させていくことが重要である。

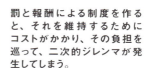

援助行動により人が得るものは？

キーワード **限定交換、一般交換**

目には見えない、心理的財・社会的財

なにかを買ったときにお金を払ったり、働いた分だけ報酬をもらったりと、私たちの生活では、常にさまざまな資源の交換が行われています。これを**社会的交換**といいます。

社会的交換には、限定交換と一般交換があります。限定交換は、自分と相手が1対1でやりとりすること。一般交換は、自分が資源を提供する相手と、自分に資源を提供してくれる相手が必ずしも一致しない状況のことです。1度しか行かないレストランでチップを多めに渡したりするのは、長い目で見ると、どこかでその親切が自分や社会に返ってくるのではないかという意識が働いた、一般交換であるといえます。

そして、人の間で交換される「資源」とは、お金や商品といった具体性を持つものばかりではありません。形はないけれども、愛情といった心理的財、地位や名誉といった社会的財、場合によっては満足感なども資源に含まれるでしょう。そして、むしろ目に見えないもののほうが、**もらう相手によって価値が変わる「個別性」が高く、貴重なものとなる**のです。

つまり、人が援助行動を起こすのは、**自分がしたことが、また他のところから自分に返ってくるかもしれないという一般交換の意識があり、さらに心理的財や社会的財といった目に見えない価値を得たい**という気持ちがあるからなのです。世界の多くの社会では、自分が援助や好意を受けたら、相手にお返しをしたほうが、結局は自分の利益になるという互恵性規範が見られます。このようなことも、お互いに援助行動を続けていく理由のひとつといえるでしょう。

社会的交換とは？

●限定交換

1対1で交換をする

●一般交換

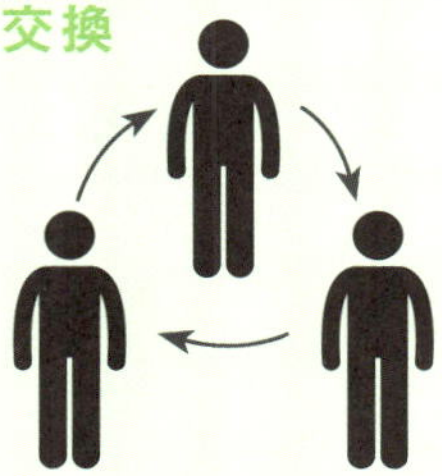

提供する人と受け取る人が同一ではない

社会的交換には、限定交換と一般交換がある。限定交換とは、**自分と相手との間で、資源を直接、交換する**ことを意味する。一方、一般交換は、**自分が資源を提供する相手と、自分に資源を提供してくれる相手が一致しない**状況である。

●社会的に交換されるものと特性

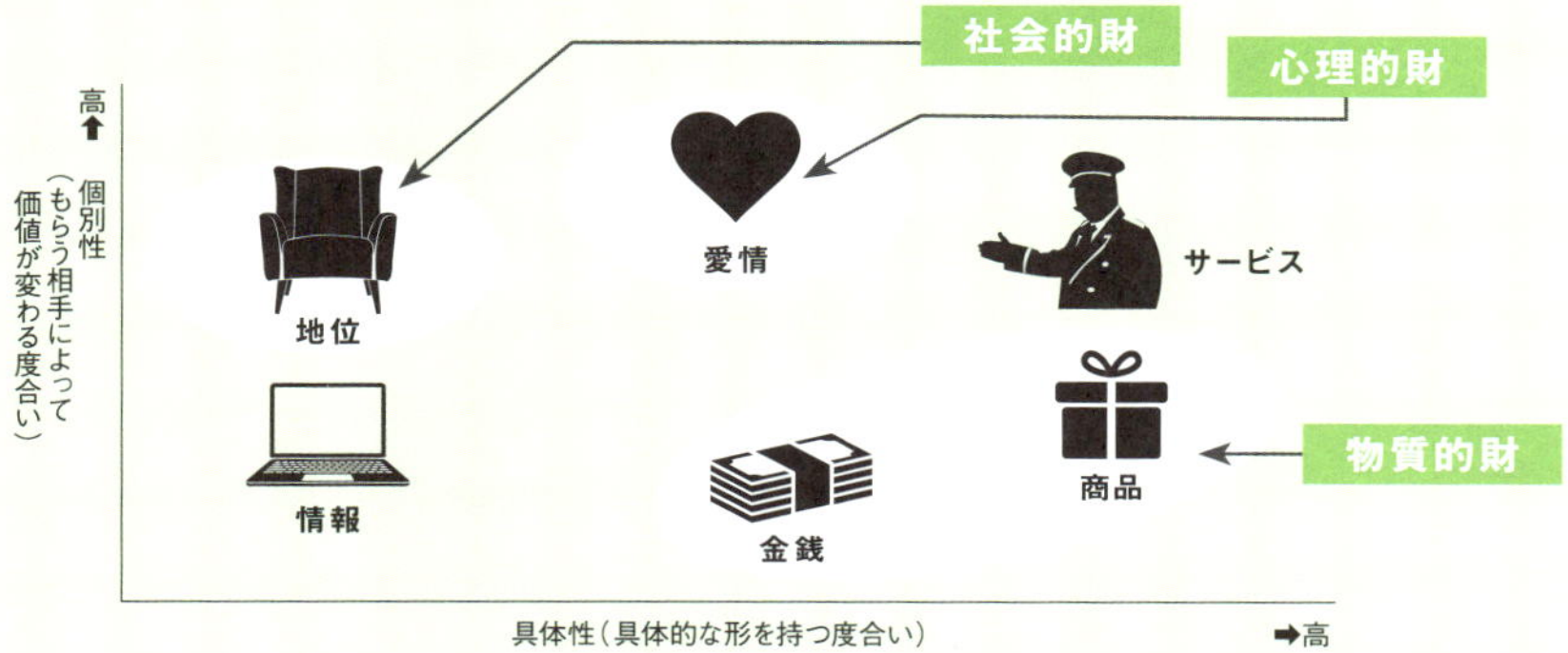

（U.G.Foa & E.B.Foa. 1976より）

社会的に交換されるものの中には、商品や金銭といった**具体的に見えるものの**他に、情報やサービスなどの**目に見えないもの**もある。また、愛情などの心理的財や、地位や名誉といった社会的財なども含まれる。図の中では、愛情とサービスのように、**近い位置にある財同士は交換しやすい**とされている。

報酬の公平な分配方法とは？

キーワード **分配原理**

みんな同額が満足とは限らない

会社などのチームで働いて成果があがったとき、その報酬はどのように分配されるのが、一番不公平感が少ないでしょうか？

アダムスの提唱した理論によると、自分の投入したコストに対して報酬が少ないときはもちろん、報酬が多すぎるときにも不公平感を感じるとされています。

では、報酬の**分配原理**には、どのようなものがあるのでしょうか。

最初に挙げられるのが、**貢献度に応じて分配される「衡平《こうへい》原理」**です。業績に基づいて支払われる成果給がこれにあたります。次が、**全員に均等に配分する「平等原理」**。成果に関係なく一定額が支給される給与などがその例です。そして、その**報酬を必要としている程度に応じて分配する「必要原理」**。さらには、**最も高い業績をあげた人にすべてを与える「独占原理」**もあります。

それぞれの使い分けですが、経済的生産を目的とし、メンバー間で競争が生まれるような場合には、衡平原理が支持され、快適な社会生活の維持を目的として、協同関係を重視する集団では、平等原理が支配的になるとされています。また、福祉や家族といった生活向上を志向する集団では、必要原理が強くなります。

さらに、メンバーの入れ替わりが激しく、流動性の高い集団では、高い業績をあげた人が衡平原理を望み、あまり業績をあげていない人は平等原理を望むとされます。一方、メンバーがあまり入れ替わらず、人間関係が長く続く集団では、好業績の人も平等原理を望む傾向が強くなります。これは、公平さを保つ以上に、円滑な人間関係を重視することの表れと考えられます。

分配原理の種類

1. 衡平原理

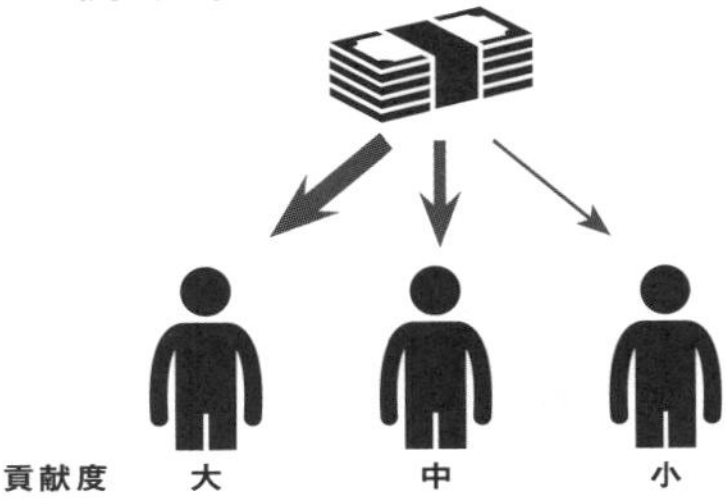

貢献度に応じて分配する

2. 平等原理

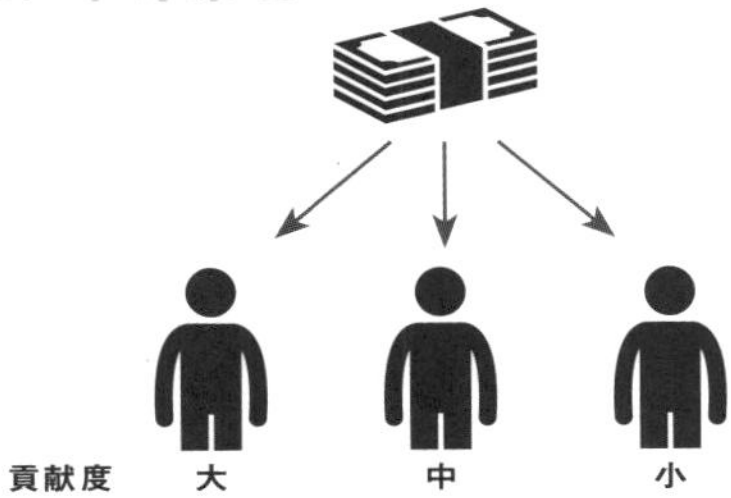

全員に均等に分配する

3. 必要原理

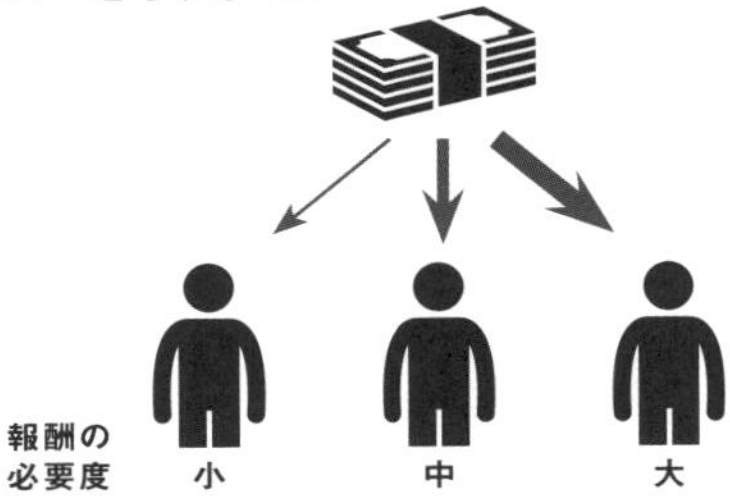

報酬を必要としている程度によって分配する

4. 独占原理

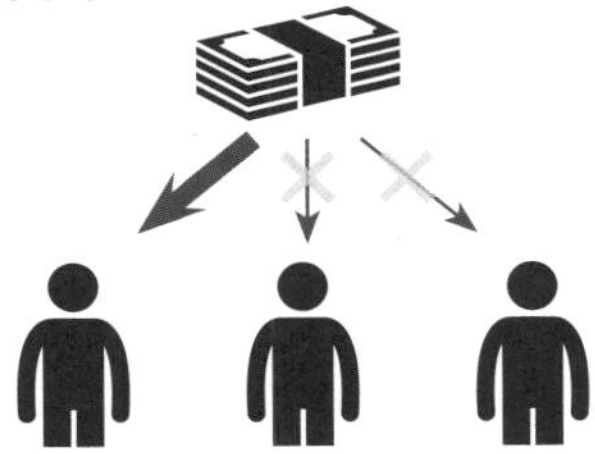

最も高い業績の人が独占する

●分配原理の使い分け

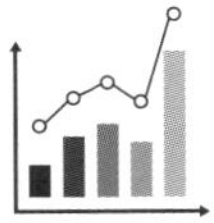

経済的生産を
目的とした集団

衡平原理

協同関係を
重視する集団

平等原理

福祉目的や
家族などの
集団

必要原理

報酬の分配には、いくつかの種類がある。それぞれの原理にメリット・デメリットがあり、状況に応じて使い分ける必要がある。貢献度に応じて分配するのが、必ずしも公平であるとは限らない。人の入れ替えが激しいところでは衡平原理が望まれ、人間関係が長く続いていきそうなところでは、平等原理が望まれる傾向がある。

集団による
ジェノサイドとは？

外集団への認知が差別と偏見を生む

　ジェノサイドとは、他民族や他宗教の人を徹底的に弾圧し、最終的に集団殺戮《さつりく》を行う行為をいいます。

　普通に生活していれば、あまり意識することのない現象ですが、これまでの人類の歩みの中で、多くのジェノサイドが行われてきました。ナチスによるユダヤ人の虐殺などは、その顕著な例です。では、なぜこのようなことが起こるのでしょうか？

　人は、**自分の所属する集団（内集団）以外の人の集まり（外集団）を差別したり、迫害したりという状況に陥ることがあります。**これは、内集団の人たちと、外集団の人たちとでは、接する距離や時間が違い、認知に差が出てくることに原因があります。自分と親しくしている人に対しては、その人の外見や性格も熟知しているため、「個人」として見分けがつきます。しかし、あまり接することのない外集団の人に対しては、「集団の一員」という認識しか持てなくなるのです。

　そのような認識の中で、人は内集団のほうが優れていると思いたがる傾向が出てきます。資源が枯渇するなど、危機的状況に社会が陥ると、**集団としてしか見ていない外集団の人たちを、「悪者」や「役立たず」という差別的な目で見るようになっていき、**殺戮という悲劇へと結びついていくのです。人類史で集団を区別することが意味を持った証拠として、世界中で数多くの言語が使われている点が挙げられます。特定の言語を話すことは、その集団の構成員であるなによりの印だったのです。祖先は1つだったと考えられる私たち人類ですが、社会が複雑になるにつれて、次第に集団の区別が必要になったと考えられています。

キーワード
内集団・外集団

内集団と外集団の認識の差

1. 内集団を見た場合

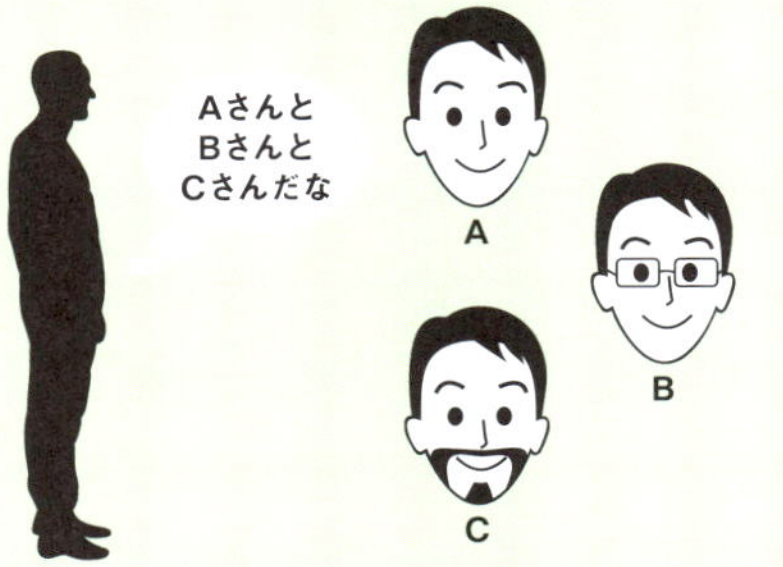

2. 外集団を見た場合

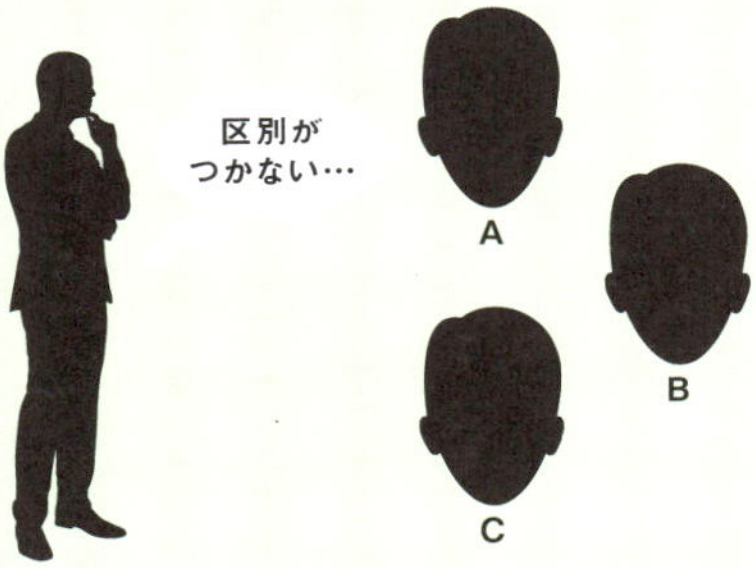

内集団と外集団の関係は、狩猟採集時代まで遡《さかのぼ》る。内集団の構成員の人たちとは、密接な関係を持ち、一人ひとりを認識することが可能であった。しかし、ほとんど接触を持たない外集団の場合は、個人個人を知る機会は乏しく、ある集団の一員として、まとめて認識するしかなかった。集団間に葛藤がある場合には、そのような状況が、**差別や偏見、果てはジェノサイドにまでつながっていくのである。**

ジェノサイド(集団殺戮)の要因

人を取り巻くさまざまな差別から　外集団への偏見が激しくなり

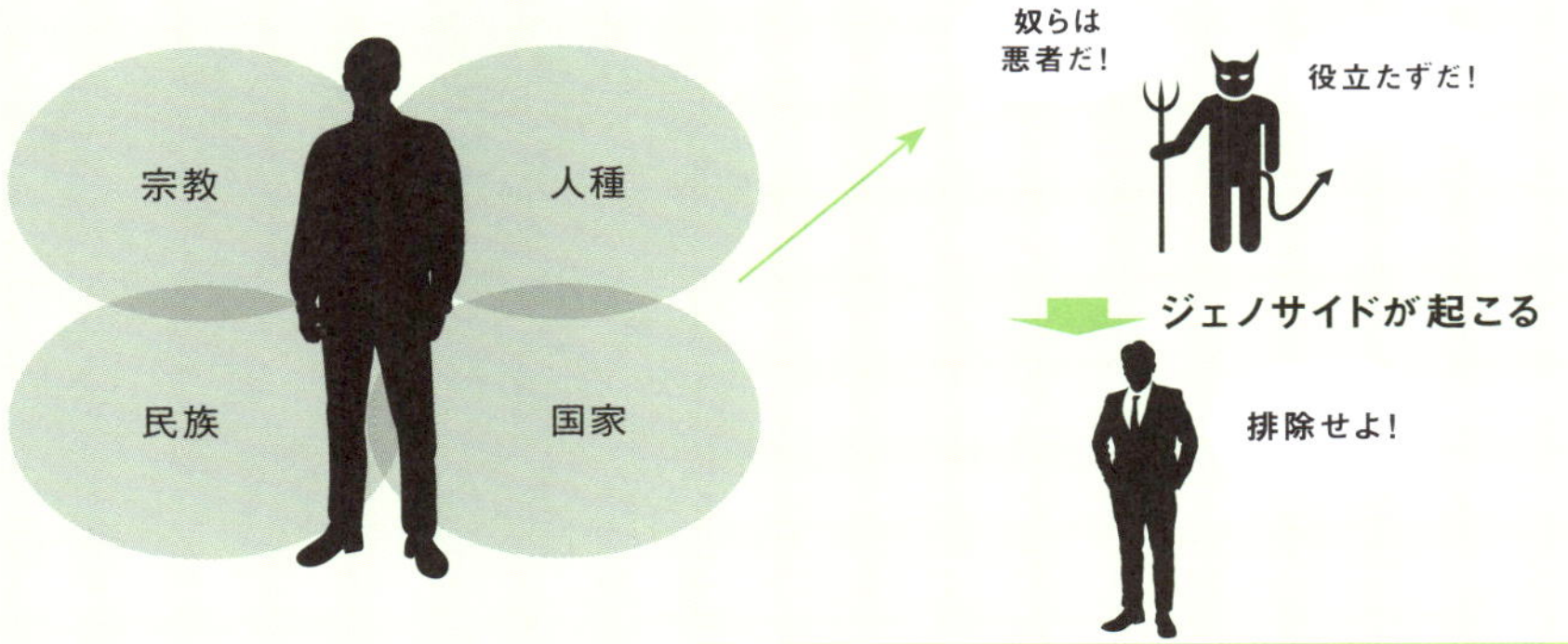

ジェノサイドでは、ある集団に属しているという理由だけで、大量の人間が殺害されていく。背景には、**人種や宗教などの、外集団に対する偏見や差別の心理が潜んでいる。**

文化による違いとは？

欧米と東洋では、自己観に違いがある

アメリカをはじめとする欧米人と、日本を含む東アジア人では、その文化に違いがあることがわかっています。中でも顕著なのが**「文化的自己観」**です。

欧米に広く共有されているのは、**「相互独立的自己観」**とされます。これは、**「自分は他者から独立した存在である」という考えがベース**になっており、たとえばなにか成果をあげたとしても、それは周囲の影響ではなく、あくまでも自分の中にある能力のおかげであると考えるものです。自分をカテゴリー化するときも、「陽気な私」「勉強のできる自分」などというように、自分の内的属性が使われます。

一方、東アジアで共有される**「相互協調的自己観」**では、**「人は、他者やまわりの物事との関係性があって初めて存在する」**と考えられ、なにか成果があがったときも、「周囲の協力や励ましがあったから成し遂げられた」というような考え方をし、カテゴリー化では、「〇〇大学の私」や、「友人の前では明るい自分」というように、関わっている人間関係そのものや、他者との関係性を表すことが多くなります。

それぞれの特徴は、個人の意思決定が重視される牧畜文化と互いの協力を必要とする農耕文化、キリスト教と仏教や儒教の考え方の違いなどから生まれてきたと考えられています。

もうひとつ特徴的なものとして、分析的思考と包括的思考の違いが挙げられます。**欧米人の思考が物事自体の特徴に注目する分析的思考であるのに対し、東アジア人の思考は、物事とその周囲の関わりに注目する包括的思考である**といわれています。

キーワード

文化的自己観

相互独立的自己観と相互協調的自己観

●相互独立的自己観

欧米人に多く見られる、人は他者やまわりの物事とは区別され、独立したものであるという考え方。

●相互協調的自己観

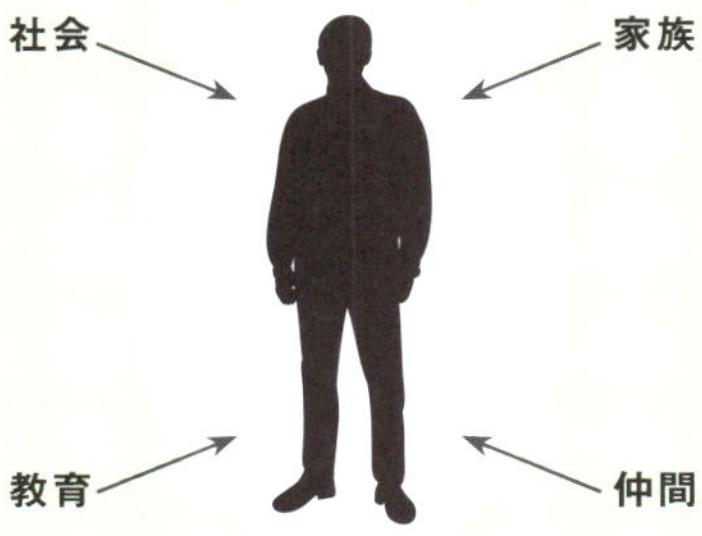

日本を含む東洋人に多く見られる、人は他者やまわりの物事との関係性があって、初めて存在するという考え方。

分析的思考と包括的思考に関する実験

実験概要　アメリカ人と、台湾・中国人の学生に、「パンダ」「サル」「バナナ」の3つのうち、どの2つが近いかをたずねる。

結果

アメリカ人の学生	「パンダ」と「サル」と回答→**分析的思考**
台湾・中国人の学生	「サル」と「バナナ」と回答→**包括的思考**

実験では、3つのもののどの点に注目したかがポイントとなる。アメリカ人の学生は、「どちらも動物」というカテゴリーに注目して分類したため、分析的思考であるといえる。一方、台湾・中国人の学生は、「サルはバナナを食べる」という関係性で分類。こちらは、包括的思考となる。

「名誉」に徹底してこだわる文化

キーワード **名誉の文化**

名誉の文化の本質と背景

「名誉の文化」とは、「個人と家族の名誉を重んじる文化」を意味します。特に、アメリカ南部の白人男性に多く見られます。これはどのような背景によるものなのでしょうか?

もともとアメリカの北部には、イギリスやオランダなどの農耕民が多く移住したのに対し、南部には、主にイギリス周辺部からの牧畜民が移住しました。

農耕民のコミュニティでは、農民同士の統制がとりやすく、農作物などを大量に盗み出すことが難しい傾向にありました。一方、牧畜民の場合、家畜は自分で歩けることもあり、たやすく盗難され、また放牧に広い土地を必要とすることから人口密度も低いため、犯人を捕まえることも容易ではありませんでした。

このような状況において、周囲に「あいつは泣き寝入りするだけだ」というような評判がたてば、さらに悪人のカモにされるだけでしょう。「タフだ」とか「男らしい」という評判は、他者からつけ込まれることを防ぐ、重要な適応的意味を持っています。つまり、**名誉を重んじる文化は、牧畜民としての生活から生まれたもの**なのです。

この名誉の文化を表す調査結果があります。アメリカの南部と、それ以外の地域での殺人事件の件数です。一般の強盗殺人などの件数は、どちらの地域でも大きな差はありません。しかし、「男としての評判」のかかった、言い争い殺人に関しては、南部が多く、その差異は人口20万人以下の小都市に特に顕著であったのです。

このことからも、**牧畜民の多かった地域での「名誉の文化」の根強さをうかがい知ることができます。**

名誉の文化が生まれた背景

●農耕民

・作物は盗まれてもまた作ることができる
・法に従うなど、集団として統制がしやすい
・集団で生活し、人口密度も高い

文化の違いが生まれる

●牧畜民

・家畜を盗まれた場合の損害が大きい
・「自分の財産は自分で守る」とのアピールが必要
・広い土地が必要なため、人口密度が低い

名誉の文化へ

アメリカでの強盗殺人と言い争い殺人の発生件数

●人口10万人あたりの殺人発生件数と種類

1. 居住者数20万人以下の都市

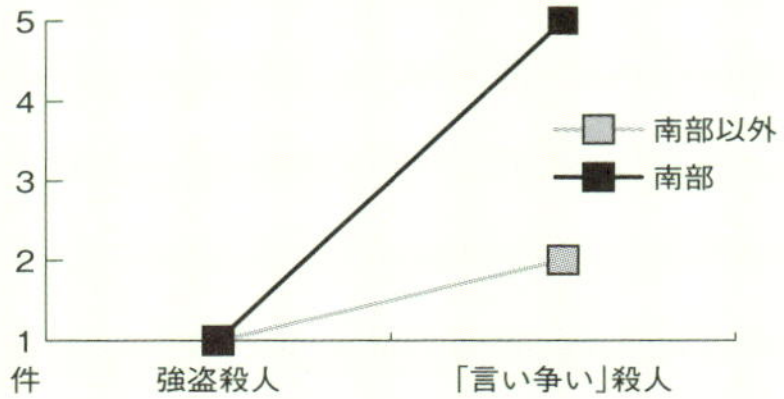

2. 居住者数20万人以上の都市

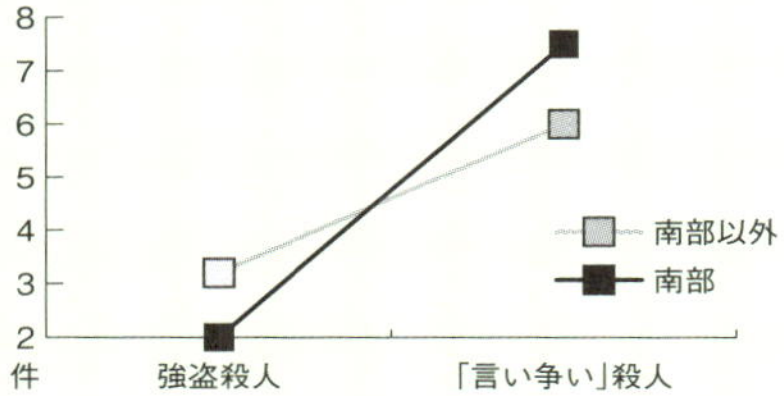

（Nisbett & Cohen,1996. より）

アメリカでの殺人発生件数を比較した場合、経済的な理由がきっかけとなる強盗殺人は、南部もそれ以外も大きな差はない。しかし、**「名誉」を傷つけられるような言い争いの殺人は、南部で多く**、しかも20万人以下の小都市で特に強く見られる。これが名誉の文化の一つの証明となる。

【監修者紹介】

亀田達也（かめだ・たつや）

1960年生まれ。東京大学大学院社会学研究科修士課程、イリノイ大学大学院心理学研究科博士課程修了、Ph.D（心理学）。現在、東京大学大学院人文社会系研究科社会心理学研究室教授。著書に『モラルの起源─実験社会科学からの問い』（岩波書店）、『合議の知を求めて─グループの意思決定』（共立出版）、共編著に『複雑さに挑む社会心理学─適応エージェントとしての人間』（有斐閣）、『「社会の決まり」はどのように決まるか』（フロンティア実験社会科学6、勁草書房）、『文化と実践─心の本質的社会性を問う』（新曜社）、『社会のなかの共存』（岩波講座 コミュニケーションの認知科学 第4巻、岩波書店）などがある。

【参考文献】

『モラルの起源─実験社会科学からの問い』（亀田達也 著・岩波書店）／『合議の知を求めて─グループの意思決定』（亀田達也 著・共立出版）／『よくわかる社会心理学』（山田一成・結城雅樹・北村英哉 編著・ミネルヴァ書房）／『予想どおりに不合理─行動経済学が明かす「あなたがそれを選ぶわけ」』（ダン・アリエリー 著・早川書房）／『服従の心理』（スタンレー・ミルグラム 著・河出書房新社）／『リーダーが決断する時─危機管理と意思決定について』（アーヴィング・L.ジャニス 著・日本実業出版社）／『社会心理学キーワード』（山岸俊男 編・有斐閣）／『徹底図解社会心理学─歴史に残る心理学実験から現代の学際的研究まで』（山岸俊男 監修・新星出版社）／『複雑さに挑む社会心理学改訂版－適応エージェントとしての人間』（亀田達也・村田光二 著・有斐閣）／『現代の社会心理学』（亀田達也・村田光二 編・放送大学教育振興会）／『社会心理学（図解雑学）』（井上隆二・山下富美代 著・ナツメ社）

【STAFF】

編集 ──────── 株式会社ライブ（竹之内大輔／畠山欣文）
制作 ──────── 永住貴紀／市塚正人／村田一成
装丁 ──────── BOOLAB.
本文デザイン・図版作成 ─── 寒水久美子
DTP ──────── 株式会社ライブ

眠《ねむ》れなくなるほど面白《おもしろ》い
図《ず》解《かい》 社《しゃ》会《かい》心《しん》理《り》学《がく》

2019年9月10日　第1刷発行
2025年7月1日　第22刷発行

監修者　亀《かめ》田《だ》達《たつ》也《や》
発行者　竹村 響
印刷所　TOPPANクロレ株式会社
製本所　TOPPANクロレ株式会社
発行所　株式会社 日本文芸社
〒100-0003　東京都千代田区一ツ橋1-1-1　パレスサイドビル8F

Printed in Japan 112190827-112250620Ⓝ22（300021）

ISBN978-4-537-21714-8
（編集担当：坂）

乱丁・落丁などの不良品、内容に関するお問い合わせは
小社ウェブサイトお問い合わせフォームまでお願いいたします。
ウェブサイト　https://www.nihonbungeisha.co.jp/